말문이 빵! 터지는
왕초보
일본어패턴
200+플러스

말문이 빵! 터지는
왕초보 일본어패턴 200 플러스

지은이 이나가와 유우키
펴낸이 안용백
펴낸곳 (주)넥서스

초판 1쇄 인쇄 2014년 11월 1일
초판 1쇄 발행 2014년 11월 15일

출판신고 1992년 4월 3일 제311-2002-2호
121-840 서울시 마포구 양화로 8길 24
Tel (02)330-5500 Fax (02)330-5555

ISBN 979-11-5752-139-5 13730

저자와 출판사의 허락 없이 내용의 일부를
인용하거나 발췌하는 것을 금합니다.
저자와의 협의에 따라서 인지는 붙이지 않습니다.

가격은 뒤표지에 있습니다.
잘못 만들어진 책은 구입처에서 바꾸어 드립니다.

www.nexusbook.com

말문이 빵! 터지는

왕초보
일본어패턴
200+ 플러스

이나가와 유우키 지음

넥서스 *JAPANESE*

머리말

『왕초보 일본어패턴 200 플러스』を手に取ってくださったみなさん、こんにちは！
　この本は、日本語を始めたばかりの人が決まったパターンに言葉を当てはめることで、自分の言いたいことを日本語で表現することができるように作られた本です。

『왕초보 일본어패턴 200 플러스』를 손에 드신 여러분, 안녕하세요!
　이 책은 일본어 공부를 시작한 지 얼마 안 된 사람이 정해진 패턴에 말을 집어넣어서, 하고 싶은 말을 일본어로 표현할 수 있도록 만든 책입니다.

　韓国でもよく知られていることですが、日本語と韓国語はお互いよく似た部分の多い言語だと言われています。語順はほとんど同じですし、助詞を利用したり敬語が発達しているなど文法面でも共通点がたくさんあります。また、漢字語からくる共通語彙も相当数存在します。諸説ありますが、私は日本語は韓国人にとって最も学びやすい外国語の一つだと思います。

　한국에서도 잘 알려져 있지만, 일본어와 한국어는 서로 비슷한 부분이 많은 언어라고들 합니다. 어순은 거의 같고, 조사를 이용하거나 경어가 발달되어 있는 점 등 문법 면에서도 공통점이 많이 있습니다. 또한, 한자어에서 온 공통 어휘도 상당수 존재합니다. 여러 가지 의견이 있지만, 일본어는 한국인에게 있어 가장 배우기 쉬운 외국어 중 하나라고 저는 생각합니다.

　この本は、そんな日本語をさらに手軽に学ぶことができるように、基本中の基本である文型パターン146個を厳選し、そこに様々な単語を当てはめることにより、自分の言いたいことを日本語で表現できるように作られています。実際にこの本で学んでみればわかると思いますが、限られたパターンでも組み合わせを工夫することによって、驚くほどバラエティに富んだ表現が可能です。

이 책은 그런 일본어를 더 손쉽게 배울 수 있도록 기본 중에 기본인 문형 패턴 146개를 엄선하여, 거기에 다양한 단어를 집어넣어서 하고 싶은 말을 일본어로 표현할 수 있도록 만들었습니다. 실제로 이 책으로 공부해 보면 아시겠지만, 정해진 패턴으로도 조합을 궁리해 보면 놀랄 만큼 다양한 표현이 가능합니다.

さらに、立場や性別によって微妙に言い回しが変化する日本語の特性を考慮し、パターンごとに多様な類似表現も追加しました。そのすべてを覚えようとするのではなく、あくまでも「自分にぴったりの日本語」を見つける手がかりにしてください。

더욱이 입장이나 성별에 의해 미묘하게 표현이 변하는 일본어의 특성을 고려하여, 패턴마다 다양한 유사패턴도 추가했습니다. 전부 다 외우려고 하지 말고, 어디까지나 '자신에게 딱 맞는 일본어'를 찾아내는 단서로 생각해 주세요.

この本は手軽に日本語で用が足せることを目的として作られました。そのため複雑な文法説明は極力排除してあります。この本をきっかけとして、さらに深く日本語を学んでみたいという気持ちを持ってくださされば、著者としてこんなに嬉しいことはありません。

이 책은 손쉽게 일본어를 공부하는 걸 목적으로 쓰여졌습니다. 때문에 복잡한 문법 설명은 가급적 배제하였습니다. 이 책을 계기로 더 깊게 일본어를 배워 보고 싶다는 생각이 든다면, 저자로서 더 기쁜 일은 없을 것입니다.

저자 이나가와 유우키(稲川右樹)

1_아는 패턴 확인하기

각 Unit의 첫 페이지에 나오는 질문에 답해 보면서 일본어로 말할 수 있는 것(아는 패턴)과 모르는 패턴을 확인하세요.

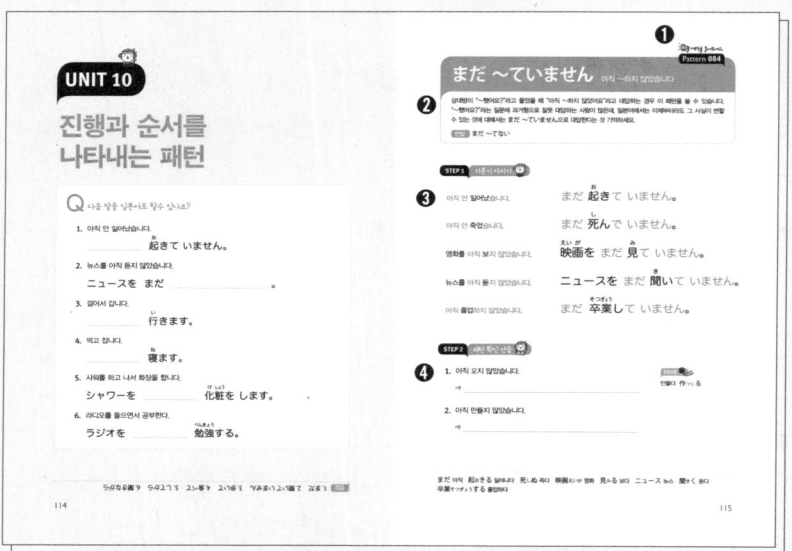

2_2단계, 3단계 패턴 학습

PART 1~3은 2단계, PART 4는 3단계로 구성되어 있습니다.

| 2단계 | STEP 1 기본기 다지기 → STEP 2 패턴 확인 연습 |
| 3단계 | STEP 1 기본기 다지기 → STEP 2 리얼 회화 연습 → STEP 3 도전 실전 회화 |

❶ 각 패턴의 번호는 MP3 파일명과도 동일하니, 패턴 번호로 된 MP3 파일명을 찾아 들어 주세요.

❷ 패턴이 어떤 상황에서 어떤 뉘앙스로 쓰이는지를 알려 줍니다. 또한 접속 시의 활용 형태, 반말과 존댓말, 그리고 쓰임이 비슷한 유사패턴도 같이 알려 줍니다.

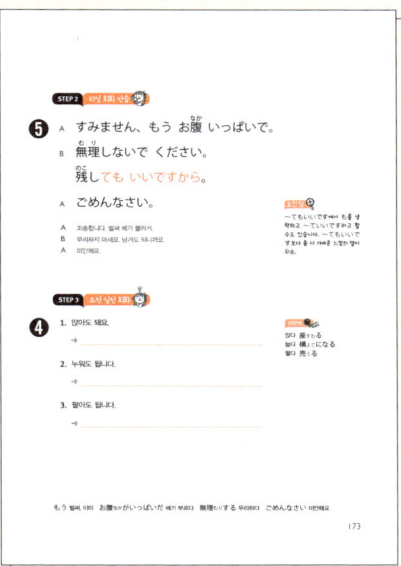

❸ **STEP 1_ 기본기 다지기**
문장을 통해 패턴의 쓰임을 익힙니다. 외워 두면 바로 써먹을 수 있는 문장들입니다. 복습할 때는 오른편의 일본어 문장을 가린 다음, 왼편의 우리말만 보고 일본어로 말해 보세요.

❹ **STEP 2_ 패턴 확인 연습**
STEP 3_ 도전 실전 회화
공부한 패턴을 활용하여 우리말 해석을 보고 일본어로 말해 보세요. 모르는 단어는 Hint를 참고하세요. 정답은 240쪽에 있습니다.

❺ **STEP 2_ 리얼 회화 연습**
다이얼로그를 통해 패턴이 어떤 상황에서 쓰이는지 확인하세요. MP3를 듣고 따라 말하는 연습도 필수! 공부한 패턴을 어떤 상황에서 어떻게 적용할 수 있는지 주의해서 보세요.

✚ 6종 학습자료 활용법

외국어를 공부할 때 반복 학습이 중요하다는 건 너무나 자명한 사실! 무료로 제공하는 다양한 학습자료들을 활용하여 복습해 보세요. 일본어 공부의 기본인 단어 암기는 물론 듣기 훈련과 회화 훈련도 할 수 있습니다. `다운받기` ⇒ www.nexusbook.com

해설강의 MP3
저자 선생님이 직접 녹음한 생생한 강의를 다운받아 들어 보세요. 아이튠즈, 팟빵에서도 들을 수 있어요.

회화훈련 MP3
일본어를 듣고 따라 말해 볼 수 있도록 구성했습니다. 큰 소리로 따라 읽는 연습을 반복하세요.

듣기 MP3
한국어와 일본어가 한 번씩 녹음되어 있습니다. ('리얼 회화 연습'은 일본어만 녹음)

단어 노트
본문에 나온 단어들을 정리하여, 단어만 따로 외울 수 있도록 한 자료입니다.

집중듣기 MP3
일본어가 두 번씩 녹음되어 있습니다. 반복해서 들으면서 네이티브 발음을 확인하세요.

단어 퀴즈
퀴즈를 풀어보면서 단어 실력을 확인해 보세요.

차례

PART 1 왕초보 일본어 기본기 다지기

UNIT 01 명사로 왕초보 문장 만들기

001	[명사]~だ	~(이)다	17
002	[명사]~じゃない	~이 아니다	18
003	[명사]~だった	~이었다	19
004	[명사]~じゃなかった	~이 아니었다	20
005	[명사]~です	~입니다	21
006	[명사]~じゃありません/~じゃないです	~이 아닙니다	22
007	[명사]~でした	~이었습니다	23
008	[명사]~じゃありませんでした/~じゃなかったです	~이 아니었습니다	24
009	[명사]~の	~의, ~의 것	25
010	[명사]~で	~이고	26

UNIT 02 な형용사로 감정, 상태 표현하기

011	[な형용사]~だ	~하다	28
012	[な형용사]~じゃない	~하지 않다	29
013	[な형용사]~だった	~했다	30
014	[な형용사]~じゃなかった	~하지 않았다	31
015	[な형용사]~です	~합니다	32
016	[な형용사]~じゃありません/~じゃないです	~하지 않습니다	33
017	[な형용사]~でした	~했습니다	34
018	[な형용사]~じゃありませんでした/~じゃなかったです	~하지 않았습니다	35
019	[な형용사]~な+명사	~한 …	36
020	[な형용사]~で	~하고, ~해서	37

UNIT 03 い형용사로 감정, 상태 표현하기

021	[い형용사] **~い** ~하다	39
022	[い형용사] **~くない** ~하지 않다	40
023	[い형용사] **~かった** ~했다	41
024	[い형용사] **~くなかった** ~하지 않았다	42
025	[い형용사] **~いです** ~합니다	43
026	[い형용사] **~くありません/~くないです** ~하지 않습니다	44
027	[い형용사] **~かったです** ~했습니다	45
028	[い형용사] **~くありませんでした/~くなかったです** ~하지 않았습니다	46
029	[い형용사] **~くて** ~하고, ~해서	47

UNIT 04 동사활용 기본 공식 확실하게 익히기

030	[동사] **기본형** ~하다	49
031	[동사] **ない형** ~하지 않다	50
032	[동사] **た형** ~했다	51
033	[동사] **~なかった** ~하지 않았다	52
034	[동사] **ます형** ~합니다	53
035	[동사] **~ません** ~하지 않습니다	54
036	[동사] **~ないです** ~하지 않습니다	55
037	[동사] **~ました** ~했습니다	56
038	[동사] **~ませんでした** ~하지 않았습니다	57
039	[동사] **~なかったです** ~하지 않았습니다	58
040	[동사] **て형** ~하고, ~해서	59
	동사 1,2,3그룹 활용표	60

PART 2 일본어 처음 배울 때 꼭 나오는 **초간단 회화 패턴**

UNIT 05 기본적인 문답

041	**わたしは ~です** 저는 ~입니다, 나는 ~이에요	63
042	**~は …ですか** ~은 …입니까?	64
043	**はい、~です** 네, ~입니다	65
044	**いいえ、~じゃありません/~じゃないです** 아뇨, ~이 아닙니다	66
045	**~は何ですか** ~은 무엇입니까?	67
046	**これ・それ・あれは ~です** 이것·그것·저것은 ~입니다	68
047	**~の …です** ~의 …입니다	69

048	この・その・あの 〜は …です 이·그·저 〜은 …입니다	70
049	〜も …です 〜도 …입니다	71

UNIT 06 왕초보 의문사 패턴

050	〜はいくらですか 〜은 얼마입니까?	73
051	〜は何時ですか 〜은 몇 시입니까?	74
052	〜はいつですか 〜은 언제입니까?	75
053	〜から …まで 〜부터/에서 …까지	76
054	〜はどうですか 〜은 어떻습니까?	77
055	〜はどうでしたか 〜은 어땠습니까?	78
056	失礼ですが、〜はおいくつですか 실례지만, 〜는 나이가 어떻게 되세요?	79
	숫자 총정리	80

UNIT 07 좋고 싫음, 잘하고 못함, 비교 표현

057	どんな 〜が好きですか 어떤 〜을 좋아합니까?	83
058	〜が好きです 〜을 좋아합니다	84
059	〜が嫌いです 〜을 싫어합니다	85
060	〜が得意です 〜을 잘합니다	86
061	〜が苦手です 〜을 잘 못합니다	87
062	Aと Bと どちらが 〜ですか A와 B 중 어느 쪽이 〜입니까?	88
063	Aより Bの方が〜 A보다 B가 더 〜	89
064	〜の中で 何が 一番 …ですか 〜 중에서 무엇이 가장 …합니까?	90

UNIT 08 위치를 나타내는 패턴

065	〜があります 〜이 있습니다	92
066	〜がいます 〜이 있습니다	93
067	〜にあります 〜에 있습니다	94
068	〜にいます 〜에 있습니다	95
069	〜は どこに ありますか/いますか 〜은 어디에 있습니까?	96
070	〜の …にあります/います 〜의 …에 있습니다	97
	위치를 나타내는 표현	98

PART 3　초간단 동사활용 패턴

UNIT 09　기본 동작 표현하기

071	~を …ます　~을 …합니다	101
072	~を …ました　~을 …했습니다	102
073	~を …ませんでした　~을 …하지 않았습니다	103
074	~に行きます　~에 갑니다	104
075	~に来ます　~에 옵니다	105
076	~に会います　~를 만납니다	106
077	~に乗ります　~을 탑니다	107
078	명사+になります　~이 됩니다	108
079	な형용사+になります　~해집니다, ~하게 됩니다	109
080	い형용사+くなります　~해집니다	110
081	~ことにします　~하기로 합니다	111
082	~ことになりました　~하게 됐습니다	112
083	~ています　~하고 있습니다	113

UNIT 10　진행과 순서를 나타내는 패턴

084	まだ ~ていません　아직 ~하지 않습니다	115
085	~て …ます　~하고 …합니다	116
086	~てから …ます　~하고 나서 …합니다	117
087	~ながら　~하면서	118

UNIT 11　동사 ます형/て형 응용 패턴

088	~やすい　~하기 쉽다	120
089	~にくい　~하기 어렵다	121
090	~てしまう　~해 버리다	122
091	~てみる　~해 보다	123
092	~ておく　~해 두다	124

UNIT 12　필수 부사 활용 패턴

093	~(の)ために　~하기 위해, ~을 위해	126
094	~(の)おかげで　~(한) 덕분에	127
095	~から　~이니까, ~해서	128
096	~のに　~인데	129
097	~(の)うちに　~할 때, ~하는 사이에	130
098	~までに　~까지	131

PART 4 기본 회화 필수 패턴

UNIT 13 의외로 쉬운 부탁하기

099	~ください ~ 주세요	135
100	수량+ください ~개 주세요	137
101	~てください ~해 주세요	139
102	~ないでください ~하지 마세요	141
103	~お願いします ~ 부탁합니다	143
104	~ちょうだい ~ 줘	145

UNIT 14 희망 표현하기

105	~がほしい ~을 갖고 싶어	148
106	~てほしい ~해 줬으면 해	150
107	~たいです ~하고 싶어요	152
108	~(さ)せてください ~하게 해 주세요	154

UNIT 15 권유, 제안하기

109	~ましょう ~합시다	157
110	~ましょうか ~할까요?	159
111	~ませんか ~하지 않을래요?	161
112	~た方がいいです ~하는 게 좋아요	163
113	~ない方がいいです ~하지 않는 게 좋아요	165
114	~たらどうですか ~하는 게 어때요?	167

UNIT 16 허가와 금지 말하기

115	~てもいいですか ~해도 돼요?	170
116	~てもいいです ~해도 돼요	172
117	~なくてもいいです ~하지 않아도 돼요	174
118	~てはいけません ~하면 안 돼요	176
119	~てはだめです ~하면 안 돼요	178
120	~なければなりません ~해야 해요	180

UNIT 17 가정, 조건 말하기

121	~たら ~하면	183
122	~ば ~하면	185
123	~と ~하면	187
124	~なら ~라면, ~한다면	189

125	～ば …ほど	～하면 …할수록	191
126	～ばよかった	～할 걸 그랬어	193
127	～てよかった	～하기를 잘했다	195

UNIT 18 가능, 불가능 말하기

128	～ができます	～(를) 할 수 있어요	198
129	～ことができます	～할 수 있어요	200
130	～(ら)れます	～할 수 있어요	202
131	동사 가능형+ようになりました	～할 수 있게 됐어요	204

UNIT 19 추측 말하기

132	～そうです	～라고 해요	207
133	～そうです	～할 것 같아요	209
134	～ようです	～하는 모양이에요	211
135	～らしいです	～랍니다	213
136	～らしいです	～답습니다, ～스럽습니다	215
137	～と思います	～라고 생각해요, ～할 것 같아요	217
138	～かもしれません	～할지도 몰라요	219
139	～でしょう	～하겠지요	221
140	～わけがありません	～할 리가 없어요	223

UNIT 20 명령형으로 말하기

141	～て。	～해.	226
142	동사 명령형		228
143	～な	～하지 마	230
144	～ないで	～하지 마요	232

UNIT 21 회화 업그레이드 패턴

| 145 | ～たことがあります | ～한 적이 있어요 | 235 |
| 146 | ～たり …たりします | ～하거나 …하거나 합니다 | 237 |

+Answer   240

PART 1

왕초보 일본어

기본기 다지기

UNIT
01 - 04
pattern 200+

UNIT 01
명사로 왕초보 문장 만들기

Q 다음 말을 일본어로 할 수 있나요?

1. 한국인이다
   かんこくじん
   韓国人_____

2. 대학생이 아니다
   だいがくせい
   大学生_____

3. 휴일이었다
   やす
   休み_____

4. 미인이 아니었다
   び じん
   美人_____

5. 어머니가 아닙니다
   はは
   母_____

6. 생일이었습니다
   たんじょう び
   誕生日_____

정답 1.だ 2.じゃない 3.だった 4.じゃなかった 5.じゃありません(じゃないです) 6.でした

Pattern 001

[명사] ~だ ~(이)다

명사 뒤에 だ를 붙이면 '~(이)다'라고 단정하는 뜻이 됩니다. 기본적으로 자신과 대등한 입장에 있는 사람이나 아랫사람에게 쓰이는 표현으로, 여성보다 남성들이 자주 사용합니다. 여성의 경우에는 だ를 생략하고 명사만으로 말합니다.

존댓말 ~です ➔ Pattern 005

STEP 1 기본기 다지기

회사원이다	会社員(かいしゃいん)だ
학생이다	学生(がくせい)だ
친구다	友達(ともだち)だ
한국인이다	韓国人(かんこくじん)だ
가방이다	かばんだ

STEP 2 패턴 확인 연습

1. 여동생이다

   ⇒ _____

2. 어린아이이다

   ⇒ _____

Hint
여동생 妹(いもうと)
어린아이 子供(こども)

会社員(かいしゃいん) 회사원   学生(がくせい) 학생   友達(ともだち) 친구   韓国人(かんこくじん) 한국인   かばん 가방

〔명사〕~じゃない ~이 아니다

Pattern 002

명사 뒤에 じゃない를 붙이면 '~이 아니다'라고 부정하는 표현이 됩니다. ~じゃない？처럼 어미를 올려 말하면 '~ 아니야?' 하고 상대방에게 동의를 구하는 표현이 되죠.

존댓말 ~じゃありません / ~じゃないです → Pattern 006

STEP 1 기본기 다지기

의사가 아니다	医者(いしゃ)じゃない
대학생이 아니다	大学生(だいがくせい)じゃない
형제가 아니다	兄弟(きょうだい)じゃない
중국인이 아니다	中国人(ちゅうごくじん)じゃない
신발이 아니다	くつじゃない

STEP 2 패턴 확인 연습

1. 남동생이 아니다
   ⇒ _____

Hint
남동생 弟(おとうと)
어른 大人(おとな)

2. 어른이 아니다
   ⇒ _____

医者(いしゃ) 의사   大学生(だいがくせい) 대학생   兄弟(きょうだい) 형제   中国人(ちゅうごくじん) 중국인   くつ 신발

Pattern 003

[명사] ~だった ~이었다

명사 뒤에 だった를 붙이면 '~였다/이었다'라는 뜻의 과거형이 됩니다. 명사로 과거를 표현할 때 성별 구분 없이 쓸 수 있죠.

존댓말 ~でした → Pattern 007

STEP 1 기본기 다지기

고등학생이었다　　　高校生(こうこうせい)だった

어린아이였다　　　　子供(こども)だった

가수였다　　　　　　歌手(かしゅ)だった

군인이었다　　　　　軍人(ぐんじん)だった

휴일이었다　　　　　休(やす)みだった

STEP 2 패턴 확인 연습

1. 월요일이었다

    ⇒ _____

2. 겨울이었다

    ⇒ _____

Hint
월요일　月曜日(げつようび)
겨울　冬(ふゆ)

高校生 こうこうせい 고등학생　　歌手 かしゅ 가수　　軍人 ぐんじん 군인　　休 やすみ 휴일

19

Pattern 004
〔명사〕〜じゃなかった 〜이 아니었다

명사 뒤에 じゃなかった를 붙이면 '〜이 아니었다'라는 과거부정의 뜻이 됩니다. じゃなかった 대신 ではなかった를 써도 되죠.

존댓말 〜じゃありませんでした / 〜じゃなかったです → Pattern 008

STEP 1 기본기 다지기

미인이 아니었다	美人(びじん)じゃなかった
선생님이 아니었다	先生(せんせい)じゃなかった
평일이 아니었다	平日(へいじつ)じゃなかった
휴일이 아니었다	休(やす)みじゃなかった
일요일이 아니었다	日曜日(にちようび)じゃなかった

STEP 2 패턴 확인 연습

1. 남자친구가 아니었다
    ⇨ _____

2. 여자친구가 아니었다
    ⇨ _____

Hint
남자친구 彼氏(かれし)
여자친구 彼女(かのじょ)

美人(びじん) 미인   先生(せんせい) 선생님   平日(へいじつ) 평일   日曜日(にちようび) 일요일

Pattern 005

[명사] ～です ～입니다

명사 뒤에 です를 붙이면 '～입니다'라는 뜻이 됩니다. 남녀노소 구별 없이 가장 보편적으로 무난하게 쓸 수 있는 말투이죠.

반말 ～だ ➡ Pattern 001

STEP 1 기본기 다지기

연필입니다　　　　　えんぴつです

학교입니다　　　　　学校(がっこう)です

도서관입니다　　　　図書館(としょかん)です

미국인입니다　　　　アメリカ人(じん)です

아버지입니다　　　　父(ちち)です

STEP 2 패턴 확인 연습

1. 회사입니다
   ⇒ _____

   Hint
   회사 会社かいしゃ
   은행 銀行ぎんこう

2. 은행입니다
   ⇒ _____

えんぴつ 연필　　学校がっこう 학교　　図書館としょかん 도서관　　アメリカ人じん 미국인　　父ちち 아버지

Pattern 006

〔명사〕〜じゃありません/
〜じゃないです 〜이 아닙니다

명사 뒤에 じゃありません이나 じゃないです를 붙이면 '〜이 아닙니다'라는 뜻이 됩니다. 〜じゃないです는 주로 회화에서 많이 쓰이죠.

반말 〜じゃない ➡ Pattern 002

STEP 1 기본기 다지기

지우개가 아닙니다 　　　消(け)しゴムじゃありません

편의점이 아닙니다 　　　コンビニじゃないです

우체국이 아닙니다 　　　郵便局(ゆうびんきょく)じゃありません

영국인이 아닙니다 　　　イギリス人(じん)じゃないです

어머니가 아닙니다 　　　母(はは)じゃありません

STEP 2 패턴 확인 연습

1. 오빠가 아닙니다

   ⇒ _____

   Hint 오빠, 형 お兄(にい)さん

2. 도서관이 아닙니다

   ⇒ _____

消けしゴム 지우개　　コンビニ 편의점　　郵便局ゆうびんきょく 우체국　　イギリス人じん 영국인　　母はは 어머니

Pattern 007

[명사] ～でした ～이었습니다

명사 뒤에 でした를 붙이면 '～이었습니다'라는 뜻이 됩니다. 남녀노소 구별 없이 쓸 수 있는 과거 표현이죠.

반말 ～だった ➡ Pattern 003

STEP 1 기본기 다지기

연예인이었습니다 　　　芸能人(げいのうじん)でした

간호사였습니다 　　　　看護師(かんごし)でした

초등학생이었습니다 　　小学生(しょうがくせい)でした

토요일이었습니다 　　　土曜日(どようび)でした

생일이었습니다 　　　　誕生日(たんじょうび)でした

STEP 2 패턴 확인 연습

1. 일요일이었습니다
   ⇒ _____

2. 고등학생이었습니다
   ⇒ _____

芸能人(げいのうじん) 연예인　看護師(かんごし) 간호사　小学生(しょうがくせい) 초등학생　土曜日(どようび) 토요일
誕生日(たんじょうび) 생일

Pattern 008

[명사] ~じゃありませんでした / ~じゃなかったです
~이 아니었습니다

명사 뒤에 じゃありませんでした 또는 じゃなかったです를 붙이면 '~이 아니었습니다'라는 뜻이 됩니다. ~じゃなかったです는 주로 회화에서 많이 쓰이죠.

반말 ~じゃなかった ➡ Pattern 004

STEP 1 기본기 다지기

화요일이 아니었습니다	火曜日(かようび)じゃありませんでした
휴일이 아니었습니다	休(やす)みじゃなかったです
영화관이 아니었습니다	映画館(えいがかん)じゃありませんでした
애인이 아니었습니다	恋人(こいびと)じゃなかったです
남편이 아니었습니다	夫(おっと)じゃありませんでした

STEP 2 패턴 확인 연습

1. 수요일이 아니었습니다

   ⇨ _____

2. 중학생이 아니었습니다

   ⇨ _____

Hint
수요일 水曜日(すいようび)
중학생 中学生(ちゅうがくせい)

火曜日(かようび) 화요일   映画館(えいがかん) 영화관   恋人(こいびと) 애인   夫(おっと) 남편

Pattern 009

[명사] ～の ～의, ～의 것

～の는 한국어 '～의'와 비슷한 기능을 하는 조사로, 소속·소유·특성·분류 등을 나타내는 데 폭넓게 쓸 수 있습니다. 한국어의 '～의'는 종종 생략되지만 일본어에서는 원칙적으로 の를 생략하진 않습니다. 또한 ～の 바로 뒤에 です가 오는 경우 ～の는 '～의 것'이라는 뜻이 됩니다.

STEP 1 기본기 다지기

나의 　　　　　 わたしの

당신의 　　　　　 あなたの

사장님의 　　　　 社長(しゃちょう)の

사모님의 　　　　 奥(おく)さんの

한국의 것입니다 　 韓国(かんこく)のです

선생님 거예요 　　 先生(せんせい)のです

STEP 2 패턴 확인 연습

1. 내 가방

   ⇒ _____

2. 선생님의 사모님

   ⇒ _____

わたし 나　あなた 당신　社長 しゃちょう 사장님　奥 おくさん 사모님, 부인　韓国 かんこく 한국

Pattern 010

[명사] ～で ~이고

명사 뒤에 で를 붙이면 '～(이)고', '～(이)어서'라는 뜻입니다. 명사와 명사를 연결할 때 이 で를 쓸 수 있다는 것 기억하세요.

STEP 1 기본기 다지기

일본인이고 학생이다 　　日本人で 学生だ

한국인이고 선생님이다 　　韓国人で 先生だ

가수이고 연예인이다 　　歌手で 芸能人だ

사장이고 아버지다 　　社長で 父親だ

처음이자 마지막이다 　　最初で 最後だ

STEP 2 패턴 확인 연습

1. 내 여동생이고 고등학생이다

   ⇒ _____

2. 중국인이고 일본인이 아니다

   ⇒ _____

日本人にほんじん 일본인　　父親ちちおや 아버지　　最初さいしょ 처음, 최초　　最後さいご 마지막, 최후

UNIT 02
な형용사로 감정, 상태 표현하기

Q 다음 말을 일본어로 할 수 있나요?

1. 간단하지 않다
   かんたん
   簡単_____

2. 좋아했다
   す
   好き_____

3. 친절하지 않았다
   しんせつ
   親切_____

4. 필요했습니다
   ひつよう
   必要_____

5. 힘들지 않았습니다
   たいへん
   大変_____

6. 잘 못해서 걱정이다
   へ た   しんぱい
   下手_____ 心配だ

Pattern 011

〔な형용사〕～だ ～하다

な형용사의 기본형은 ～だ입니다. ～だ는 주로 남성들이 쓰며, 여성들은 きれい！(예쁘다!), 便利べんり！(편리해!)처럼 だ를 빼고 말하는 경우가 많습니다.

존댓말 ～です → Pattern 015

STEP 1 기본기 다지기

예쁘다	きれいだ
안심하다	安心<ruby>あんしん</ruby>だ
편리하다	便利<ruby>べんり</ruby>だ
날씬하다	スマートだ
조용하다	静<ruby>しず</ruby>かだ

STEP 2 패턴 확인 연습

1. 불편하다

   ⇒ _____

2. 위험하다

   ⇒ _____

Hint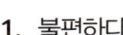
불편 不便 ふべん
위험 危険 きけん

きれいだ 예쁘다, 깨끗하다   安心あんしんだ 안심하다   便利べんりだ 편리하다   スマートだ 날씬하다
静しずかだ 조용하다

Pattern 012

[な형용사] ~じゃない ~하지 않다

な형용사의 반말 부정형(~하지 않다)은 ~じゃない입니다. ~じゃない？처럼 어미를 올려 말하면 '~하지 않아?'하고 상대방에게 동의를 구하는 표현이 됩니다.

존댓말 ~じゃありません / ~じゃないです → Pattern 016

STEP 1 기본기 다지기

이상하지 않다 　　　　変(へん)じゃない

불편하지 않다 　　　　不便(ふべん)じゃない

안전하지 않다 　　　　安全(あんぜん)じゃない

간단하지 않다 　　　　簡単(かんたん)じゃない

성실하지 않다 　　　　真面目(まじめ)じゃない

STEP 2 패턴 확인 연습

1. 날씬하지 않다

   ⇒ _____

2. 자유롭지 않다

   ⇒ _____

Hint
자유롭다 自由(じゆう)だ

変(へん)だ 이상하다　　不便(ふべん)だ 불편하다　　安全(あんぜん)だ 안전하다　　簡単(かんたん)だ 간단하다
真面目(まじめ)だ 성실하다

Pattern 013

〔な형용사〕～だった ～했다

'～하다'라는 뜻의 な형용사 기본형(～だ)을 '～했다'라는 뜻의 과거형으로 바꾸려면 ～だ를 ～だった로 바꾸면 됩니다.

존댓말 ～でした ➡ Pattern 017

STEP 1 기본기 다지기

예뻤다	きれいだった
간단했다	簡単(かんたん)だった
안 됐다	だめだった
좋아했다	好(す)きだった
능숙했다	得意(とくい)だった

STEP 2 패턴 확인 연습

1. 불편했다
   ⇒ _____

2. 열심이었다
   ⇒ _____

Hint
열심이다 熱心(ねっしん)だ

だめだ 안 되다   好(す)きだ 좋아하다   得意(とくい)だ 능숙하다, 잘하다

Pattern 014

[な形容사] ～じゃなかった ～하지 않았다

な형용사로 '～하지 않았다'라고 말할 때는 어미를 じゃなかった로 바꾸면 됩니다. な형용사의 과거 부정형입니다.

존댓말 ～じゃありませんでした / ～じゃなかったです → Pattern 018

STEP 1 기본기 다지기

친절하지 않았다	親切(しんせつ)じゃなかった
한가하지 않았다	ひまじゃなかった
싫어하지 않았다	嫌(きら)いじゃなかった
무리하지 않았다	無理(むり)じゃなかった
헛되지 않았다	無駄(むだ)じゃなかった

STEP 2 패턴 확인 연습

1. 성실하지 않았다
   ⇒ _____

2. 유명하지 않았다
   ⇒ _____

Hint
유명하다 有名ゆうめいだ

親切しんせつだ 친절하다   ひまだ 한가하다   嫌きらいだ 싫어하다   無理むりだ 무리하다
無駄むだだ 헛되다, 쓸데없다

Pattern 015

(な형용사) ～です ～합니다

な형용사의 기본 존댓말 '～합니다'는 ～です입니다. 이는 남녀노소 구별 없이 가장 보편적으로 무난하게 쓸 수 있는 말투이기도 합니다.

반말 ～だ ➡ Pattern 011

STEP 1 기본기 다지기

예쁩니다	きれいです
무리입니다	無理(むり)です
불편합니다	不便(ふべん)です
멋집니다	素敵(すてき)です
잘 못합니다	苦手(にがて)です

STEP 2 패턴 확인 연습

1. 안전합니다
   ⇨ _____

2. 자유롭습니다
   ⇨ _____

素敵すてきだ 멋지다   苦手にがてだ 잘 못하다, 서투르다

Pattern 016

(な형용사) 〜じゃありません / 〜じゃないです ~하지 않습니다

な형용사로 '~하지 않습니다'라고 말할 땐 어미를 〜じゃありません 또는 〜じゃないです로 바꿉니다. 둘 다 な형용사의 존댓말 부정형이지만, 〜じゃないです는 주로 회화에서 많이 쓰이죠.

반말 〜じゃない ➡ Pattern 012

STEP 1 기본기 다지기

좋아하지 않습니다 　　好(す)きじゃありません

친절하지 않습니다 　　親切(しんせつ)じゃありません

한가롭지 않습니다 　　ひまじゃないです

건강하지 않습니다 　　元気(げんき)じゃありません

간단하지 않습니다 　　簡単(かんたん)じゃないです

STEP 2 패턴 확인 연습

1. 편하지 않습니다

   ⇒ _____

   Hint
   편하다　楽(らく)だ

2. 유명하지 않습니다

   ⇒ _____

元気(げんき)だ 건강하다

Pattern 017

[な형용사] ～でした ~했습니다

な형용사의 기본 존댓말은 ～です(~합니다)인데, 과거형으로 '~했습니다'라고 말할 땐 어미를 ～でした로 바꾸면 됩니다.

반말 ～だった ➡ Pattern 013

STEP 1 기본기 다지기

날씬했습니다	スマートでした
위험했습니다	危険(きけん)でした
좋아했습니다	好(す)きでした
필요했습니다	必要(ひつよう)でした
튼튼했습니다	じょうぶでした

STEP 2 패턴 확인 연습

1. 이상했습니다
   ⇒ _____

2. 복잡했습니다
   ⇒ _____

Hint
복잡하다 複雑ふくざつだ

危険きけんだ 위험하다   必要ひつようだ 필요하다   じょうぶだ 튼튼하다

Pattern 018

〔な형용사〕～じゃありませんでした / ～じゃなかったです ～하지 않았습니다

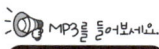

な형용사로 '～하지 않았습니다'라고 말할 때는 어미를 じゃありませんでした 또는 じゃなかったです로 바꿉니다. ～じゃなかったです는 주로 회화에서 많이 쓰이죠.

반말 ～じゃなかった ➡ Pattern 014

STEP 1 기본기 다지기

잘하지 못했습니다	得意(とくい)じゃありませんでした
힘들지 않았습니다	大変(たいへん)じゃなかったです
단순하지 않았습니다	単純(たんじゅん)じゃありませんでした
행복하지 않았습니다	幸(しあわ)せじゃなかったです
특별하지 않았습니다	特別(とくべつ)じゃありませんでした

STEP 2 패턴 확인 연습

1. 한가하지 않았습니다

   ⇒ _____

2. 조용하지 않았습니다

   ⇒ _____

大変(たいへん)だ 힘들다   単純(たんじゅん)だ 단순하다   幸(しあわ)せだ 행복하다   特別(とくべつ)だ 특별하다

35

Pattern 019

[な형용사] ～な+명사 ~한…

な형용사의 어미 だ를 な로 바꾸면 뒤에 명사를 연결시킬 수 있습니다. '～한 …'이란 뜻으로 な형용사가 뒤에 오는 명사를 꾸며 주게 되죠. な형용사라는 명칭도 이 형태에서 비롯된 것입니다.

STEP 1 기본기 다지기

잘생긴 남자친구	ハンサムな 彼氏(かれし)
유명한 선생님	有名(ゆうめい)な 先生(せんせい)
편한 일	楽(らく)な 仕事(しごと)
복잡한 문제	複雑(ふくざつ)な 問題(もんだい)
편리한 휴대전화	便利(べんり)な けいたい電話(でんわ)

STEP 2 패턴 확인 연습

1. 행복한 생활
   ⇒ _____

   Hint
   생활 生活 せいかつ
   시험 試験 しけん

2. 간단한 시험
   ⇒ _____

ハンサムだ 잘생기다   彼氏かれし 남자친구   先生せんせい 선생님   仕事しごと 일   問題もんだい 문제
けいたい電話でんわ 휴대전화

Pattern 020

〔な형용사〕～で ～하고, ～해서

な형용사를 다른 な형용사나 い형용사와 연결할 때는 ～で의 형태를 씁니다. 뜻은 '～하고', '～해서'가 되죠. 이때 긍정적인 형용사는 긍정적인 것끼리, 부정적인 형용사는 부정적인 것끼리 연결하는 것이 원칙입니다.

STEP 1 기본기 다지기

예쁘고 유명하다	きれいで 有名(ゆうめい)だ
복잡하고 힘들다	複雑(ふくざつ)で 大変(たいへん)だ
흥겨워서 좋아하다	にぎやかで 好(す)きだ
잘 못해서 걱정이다	下手(へた)で 心配(しんぱい)だ
편리하고 싸다	便利(べんり)で 安(やす)い

STEP 2 패턴 확인 연습

1. 날씬하고 좋다

   ⇒ _____

2. 조용하고 청결하다

   ⇒ _____

Hint
좋다 いい
청결하다 清潔(せいけつ)だ

にぎやかだ 흥겹다, 떠들썩하다, 활기차다   下手(へた)だ 잘 못하다   心配(しんぱい)だ 걱정이다   安(やす)い 싸다

UNIT 03
い형용사로 감정, 상태 표현하기

Q 다음 말을 일본어로 할 수 있나요?

1. 싸지 않다
   _{やす}
   安_____

2. 어려웠다
   _{むずか}
   難し_____

3. 아픕니다
   _{いた}
   痛い_____

4. 무겁지 않습니다
   _{おも}
   重_____

5. 즐거웠습니다
   _{たの}
   楽し_____

6. 기쁘지 않았습니다
   _{うれ}
   嬉し_____

정답 1. 安(やす)くない 2. むずかしかった 3. 痛(いた)いです 4. 重(おも)くないです 5. 楽(たの)しかったです 6. 嬉(うれ)しくなかったです

Pattern 021

[い형용사] 〜い ~하다

감정이나 상태를 꾸며 주는 い형용사는 기본형이 〜い로 끝납니다. い형용사는 명사를 수식할 때, な형용사와 달리 형태 변화 없이 기본형 뒤에 명사만 붙이면 되죠. 大おおきい家いえ(큰 집)처럼요.

존댓말 〜いです ➡ Pattern 025

STEP 1 기본기 다지기

맛있다	おいしい
귀엽다	かわいい
기쁘다	嬉(うれ)しい
좋다	いい
크다	大(おお)きい

STEP 2 패턴 확인 연습

1. 덥다
   ⇒ _____

2. 재미있다
   ⇒ _____

Hint
덥다 暑(あつ)い
재미있다 面白(おもしろ)い

おいしい 맛있다   かわいい 귀엽다   嬉(うれ)しい 기쁘다   いい 좋다   大(おお)きい 크다

Pattern 022

[い형용사] ～くない ～하지 않다

い형용사로 '～하지 않다'(반말 부정형)라고 말할 때는 어미 い를 くない로 바꾸면 됩니다. 단, '좋다'라는 뜻의 형용사 いい는 예외적으로 よくない(좋지 않다)가 되니 주의하세요.

존댓말 ～くありません / ～くないです ➜ Pattern 026

STEP 1 기본기 다지기

작지 않다   小_{ちい}さくない

멀지 않다   遠_{とお}くない

싸지 않다   安_{やす}くない

좋지 않다   よくない

즐겁지 않다   楽_{たの}しくない

STEP 2 패턴 확인 연습

1. 시원하지 않다
   ⇨ _____

2. 맛있지 않다
   ⇨ _____

Hint
시원하다 涼すずしい

小ちいさい 작다 　 遠とおい 멀다 　 安やすい 싸다 　 楽たのしい 즐겁다

Pattern 023

(い형용사) 〜かった 〜했다

い형용사를 과거형으로 '〜했다'라고 말할 때는 어미 い를 かった로 바꿉니다. 이때도 いい(좋다)는 예외적으로 よかった(좋았다)의 형태가 됩니다.

존댓말 〜かったです ➡ Pattern 027

STEP 1 기본기 다지기

길었다 　　　　　長なががった

까맸다 　　　　　黒くろかった

좋았다 　　　　　よかった

대단했다 　　　　すごかった

어려웠다 　　　　難むずかしかった

STEP 2 패턴 확인 연습

1. 작았다
   ⇒ _____

2. 짧았다
   ⇒ _____

Hint
짧다 短みじかい

長ながい 길다　黒くろい 까맣다　すごい 대단하다　難むずかしい 어렵다

41

Pattern 024

〔い형용사〕～くなかった ～하지 않았다

い형용사의 부정형 '～하지 않다'는 ～くない였죠? 이를 과거형으로 '～하지 않았다'라고 말할 때는 ～くない를 ～くなかった로 바꾸면 됩니다. 이때도 いい(좋다)는 예외적으로 よくなかった(좋지 않았다)가 됩니다.

존댓말 ～くありませんでした / ～くなかったです ➜ Pattern 028

STEP 1 기본기 다지기

귀엽지 않았다 　　　かわいくなかった

굵지 않았다 　　　太(ふと)くなかった

밝지 않았다 　　　明(あか)るくなかった

새롭지 않았다 　　　新(あたら)しくなかった

많지 않았다 　　　多(おお)くなかった

STEP 2 패턴 확인 연습

1. 뜨겁지 않았다
   ⇒ _____

   Hint
   뜨겁다 熱(あつ)い

2. 좋지 않았다
   ⇒ _____

太(ふと)い 굵다　　明(あか)るい 밝다　　新(あたら)しい 새롭다　　多(おお)い 많다

Pattern 025

[い형용사] ～いです ～합니다

い형용사를 존댓말로 만들려면 기본형 뒤에 です만 붙이면 됩니다. 남녀노소 누구나 폭넓게 쓸 수 있는 가장 기본적인 형태죠.

반말 ～い → Pattern 021

STEP 1 기본기 다지기

큽니다   大(おお)きいです

비쌉니다 / 높습니다   高(たか)いです

괴롭습니다   苦(くる)しいです

아픕니다   痛(いた)いです

대단합니다   すごいです

STEP 2 패턴 확인 연습

1. 쌉니다
   ⇒ _____

   Hint
   맵다 辛(から)い

2. 맵습니다
   ⇒ _____

高たかい 비싸다, 높다   苦くるしい 괴롭다   痛いたい 아프다

Pattern 026

[い형용사] ～くありません / ～くないです ～하지 않습니다

い형용사로 '～하지 않습니다'라고 말할 때는 어미를 くありません 또는 くないです로 바꿉니다. ～くないです는 주로 회화에서 많이 쓰입니다. 반말로 '～하지 않다'는 ～くない라는 것도 같이 기억해 두세요.

반말 ～くない → Pattern 022

STEP 1 기본기 다지기

귀엽지 않습니다   かわいくありません

좋지 않습니다   よくないです

작지 않습니다   小(ちい)さくありません

달지 않습니다   甘(あま)くないです

무겁지 않습니다   重(おも)くありません

STEP 2 패턴 확인 연습

1. 뜨겁지 않습니다
   ⇒ _____

2. 기쁘지 않습니다
   ⇒ _____

甘 あまい 달다   重 おもい 무겁다

Pattern 027

[い형용사] ～かったです ~했습니다

い형용사의 과거형 '～했다'는 ～かった였죠? 존댓말로 '～했습니다'라고 할 때는 ～かったです라고 합니다. ～いでした라고 하지 않도록 주의하세요.

반말 ～かった → Pattern 023

STEP 1 기본기 다지기

즐거웠습니다 　　　楽(たの)しかったです

나빴습니다 　　　　悪(わる)かったです

잘했습니다 　　　　上手(うま)かったです

빨랐습니다 　　　　早(はや)かったです

넓었습니다 　　　　広(ひろ)かったです

STEP 2 패턴 확인 연습

1. 무서웠습니다

   ⇒ _____

   Hint
   무섭다 怖(こわ)い
   하얗다 白(しろ)い

2. 하얬습니다

   ⇒ _____

悪わるい 나쁘다　上手うまい 잘하다　早はやい 빠르다　広ひろい 넓다

Pattern 028
[い형용사] 〜くありませんでした / 〜くなかったです 〜하지 않았습니다

い형용사로 '〜하지 않았습니다'(과거 부정형)라고 말할 때는 〜くありませんでした 또는 〜くなかったです 라고 합니다. 둘 다 같은 의미인데, 〜くなかったです는 주로 회화에서 많이 쓰입니다.

반말　〜くなかった ➡ Pattern 024

STEP 1 기본기 다지기

재미없었습니다　　　おもしろくありませんでした

뜨겁지 않았습니다　　熱(あつ)くなかったです

굵지 않았습니다　　　太(ふと)くありませんでした

희귀하지 않았습니다　珍(めずら)しくなかったです

기쁘지 않았습니다　　嬉(うれ)しくありませんでした

STEP 2 패턴 확인 연습

1. 좁지 않았습니다

   ⇨ _____

   Hint
   좁다 せまい
   아름답다 美(うつく)しい

2. 아름답지 않았습니다

   ⇨ _____

珍(めずら)しい 희귀하다, 드물다

Pattern 029

[い형용사] 〜くて ~하고, ~해서

い형용사를 な형용사나 다른 い형용사와 연결할 때는 어미를 くて로 바꿉니다. '〜하고', '〜해서'라는 뜻이 되죠. 이때 주의할 점은 긍정적인 형용사는 긍정적인 것끼리, 부정적인 형용사는 부정적인 것끼리 연결한다는 것입니다.

STEP 1 기본기 다지기

달고 맛있다	甘くて おいしい
작고 귀엽다	小さくて かわいい
빠르고 좋다	早くて いい
느리고 불편하다	遅くて 不便だ
빨갛고 맵다	赤くて 辛い

STEP 2 패턴 확인 연습

1. 크고 많다
   ⇒ _____

2. 가늘고 길다
   ⇒ _____

Hint
가늘다 細ほそい

遅おそい 느리다, 늦다   不便ふべんだ 불편하다   赤あかい 빨갛다

UNIT 04
동사활용 기본 공식 확실하게 익히기

Q 빈칸에 들어갈 말을 적어 보세요.

기본형	ない형	た형	ます형	て형
買かう 사다	買わない	買った	7	買って
待まつ 기다리다	1	待った	待ちます	待って
乗のる 타다	乗らない	乗った	乗ります	10
死しぬ 죽다	死なない	4	死にます	死んで
遊あそぶ 놀다	遊ばない	遊んだ	8	遊んで
読よむ 읽다	読まない	読んだ	読みます	11
書かく 쓰다	2	書いた	書きます	書いて
泳およぐ 헤엄치다	泳がない	5	泳ぎます	泳いで
話はなす 이야기하다	話さない	話した	話します	話して
見みる 보다	見ない	見た	見ます	見て
食たべる 먹다	食べない	6	食べます	食べて
する 하다	しない	した	9	して
来くる 오다	3	来た	来ます	12

정답 1. 待たない 2. 書かない 3. 来ない 4. 死んだ 5. 泳いだ 6. 食べた 7. 買います 8. 遊びます 9. します 10. 乗って 11. 読んで 12. 来て

Pattern 030

[동사] 기본형 ~하다

동사 기본형은 그 유형에 따라 1그룹, 2그룹, 3그룹의 세 가지로 나눌 수 있습니다.

1그룹　る로 끝나지 않는 것. る로 끝나는 동사 중에서 앞의 모음이 a, u, o인 것
2그룹　る로 끝나는 동사 중에서 앞의 모음이 i, e인 것
3그룹　불규칙 동사 する, 来(く)る

존댓말 ~ます ➡ Pattern 034

STEP 1 기본기 다지기

	구분 방법	예
1그룹	る로 끝나지 않는 동사	会(あ)う 만나다 行(い)く 가다 脱(ぬ)ぐ 벗다 話(はな)す 이야기하다 待(ま)つ 기다리다 死(し)ぬ 죽다 呼(よ)ぶ 부르다 飲(の)む 마시다
	る로 끝나는 동사 중에서 앞의 모음이 a, u, o인 것	分(わ)かる 알다, 이해하다 作(つく)る 만들다 乗(の)る 타다
2그룹	る로 끝나는 동사 중에서 앞의 모음이 i, e인 것	見(み)る 보다 食(た)べる 먹다
3그룹	する / 来る (두 가지만 존재)	する 하다 来(く)る 오다

STEP 2 패턴 확인 연습

다음 동사는 어느 그룹으로 분류할 수 있습니까?

聞(き)く 듣다　　寝(ね)る 자다　　起(お)きる 일어나다　　ある (사물이) 있다

Pattern 031

〔동사〕ない형 ~하지 않다

동사의 부정형은 ~ない의 형태를 취하기 때문에 ない형이라고 합니다. ない형(~하지 않다)에서 추가적으로 활용할 때는 い형용사의 활용을 합니다. ~なかった(~하지 않았다)처럼요.

존댓말 ~ません ➡ Pattern 035
　　　 ~ないです ➡ Pattern 036

STEP 1 기본기 다지기

	만드는 법	기본형	ない형
1그룹	어미의 모음을 a로 바꾸고 + ない	会あう 만나다 行いく 가다 脱ぬぐ 벗다 話はなす 이야기하다 待まつ 기다리다 死しぬ 죽다 呼よぶ 부르다 飲のむ 마시다	会わない 만나지 않다 ★ 行かない 가지 않다 脱がない 벗지 않다 話さない 이야기하지 않다 待たない 기다리지 않다 死なない 죽지 않다 呼ばない 부르지 않다 飲まない 마시지 않다
		分わかる 알다, 이해하다 作つくる 만들다 乗のる 타다	分からない 모르다 作らない 만들지 않다 乗らない 타지 않다
2그룹	어미 る 빼고 + ない	見みる 보다 食たべる 먹다	見ない 보지 않다 食べない 먹지 않다
3그룹		する 来くる	しない 하지 않다 来こない 오지 않다

STEP 2 패턴 확인 연습

1. 쓰지 않다　⇒ _____

2. 주지 않다　⇒ _____

Hint
쓰다 書かく
주다 あげる

Pattern 032

〔동사〕た형 ~했다

동사의 과거형은 ~た 형태를 취하기 때문에 た형이라고 합니다. '~했다'라는 뜻이죠. 1그룹의 경우 마지막 문자에 따라서 활용 형태가 달라집니다.

존댓말 ~ました → Pattern 037

STEP 1 기본기 다지기

	기본형	만드는 법	た형
1그룹	書かく 쓰다 泳およぐ 헤엄치다	く→いた ぐ→いだ	書いた 썼다 泳いだ 헤엄쳤다
	買かう 사다 待まつ 기다리다 ある 있다	う・つ・る →った	買った 샀다 待った 기다렸다 あった 있었다
	死しぬ 죽다 遊あそぶ 놀다 読よむ 읽다	ぬ・ぶ・む →んだ	死んだ 죽었다 遊んだ 놀았다 読んだ 읽었다
	話はなす 이야기하다	す→した	話した 이야기했다
	★예외 行いく 가다 → 行った 갔다		
2그룹	見みる 食たべる	る→た	見た 봤다 食べた 먹었다
3그룹	する 来くる		した 했다 来きた 왔다

STEP 2 패턴 확인 연습

1. 찍었다 ⇒ _____
2. 만났다 ⇒ _____

Hint
찍다 撮とる

Pattern 033

(동사) 〜なかった 〜하지 않았다

동사의 과거 부정형은 〜なかった 형태를 취합니다. 뜻은 '〜하지 않았다'입니다. ない형과 같이 활용하죠.

존댓말 〜ませんでした → Pattern 038
　　　　 〜なかったです → Pattern 039

STEP 1 기본기 다지기

		기본형	→ 〜ない	→ 〜なかった
1그룹		会あう 만나다	会わない	会わなかった 만나지 않았다
		行いく 가다	行かない	行かなかった 가지 않았다
		脱ぬぐ 벗다	脱がない	脱がなかった 벗지 않았다
		話はなす 이야기하다	話さない	話さなかった 이야기하지 않았다
		待まつ 기다리다	待たない	待たなかった 기다리지 않았다
		死しぬ 죽다	死なない	死ななかった 죽지 않았다
		呼よぶ 부르다	呼ばない	呼ばなかった 부르지 않았다
		飲のむ 마시다	飲まない	飲まなかった 마시지 않았다
		分わかる 알다, 이해하다	分からない	分からなかった 몰랐다
		作つくる 만들다	作らない	作らなかった 만들지 않았다
		乗のる 타다	乗らない	乗らなかった 타지 않았다
2그룹		見みる 보다	見ない	見なかった 보지 않았다
		食たべる 먹다	食べない	食べなかった 먹지 않았다
3그룹		する	しない	しなかった 하지 않았다
		来くる	来ない	来こなかった 오지 않았다

STEP 2 패턴 확인 연습

1. 듣지 않았다 ⇒ _____

2. 마시지 않았다 ⇒ _____

Hint
듣다 聞きく

Pattern 034

〔동사〕ます형 ~합니다

동사의 존댓말은 어미가 ~ます 형태를 취하기 때문에 ます형이라고 합니다. 남녀노소 누구나 쓸 수 있는 형태이고, 일상회화에서 가장 무난하게 쓸 수 있습니다.

STEP 1 기본기 다지기

	만드는 법	기본형	ます형
1그룹	어미의 모음을 i로 바꾸고 + ます	会あう 만나다 行いく 가다 脱ぬぐ 벗다 話はなす 이야기하다 待まつ 기다리다 死しぬ 죽다 呼よぶ 부르다 飲のむ 마시다	会います 만납니다 行きます 갑니다 脱ぎます 벗습니다 話します 이야기합니다 待ちます 기다립니다 死にます 죽습니다 呼びます 부릅니다 飲みます 마십니다
		分わかる 알다, 이해하다 作つくる 만들다 乗のる 타다	分かります 압니다 作ります 만듭니다 乗ります 탑니다
2그룹	어미 る 빼고 + ます	見みる 보다 食たべる 먹다	見ます 봅니다 食べます 먹습니다
3그룹		する 来くる	します 합니다 来きます 옵니다

STEP 2 패턴 확인 연습

1. 걷습니다 ⇨ _____

2. 앉습니다 ⇨ _____

Hint
걷다 歩あるく
앉다 座すわる

Pattern 035

[동사] ～ません ～하지 않습니다

동사의 존댓말 부정형은 ～ません 형태를 취합니다. 뒤에 의문을 나타내는 か를 붙여 ～ませんか라고 하면 상대방에게 어떤 행동을 권유하는 표현이 됩니다. ます형과 같이 활용합니다.

반말 ～ない → Pattern 031
유사패턴 ～ないです → Pattern 036

STEP 1 기본기 다지기

	기본형	→ ～ます	→ ～ません
1그룹	会あう 만나다	会います	会いません 만나지 않습니다
	行いく 가다	行きます	行きません 가지 않습니다
	脱ぬぐ 벗다	脱ぎます	脱ぎません 벗지 않습니다
	話はなす 이야기하다	話します	話しません 이야기하지 않습니다
	待まつ 기다리다	待ちます	待ちません 기다리지 않습니다
	死しぬ 죽다	死にます	死にません 죽지 않습니다
	呼よぶ 부르다	呼びます	呼びません 부르지 않습니다
	飲のむ 마시다	飲みます	飲みません 마시지 않습니다
	分わかる 알다, 이해하다	分かります	分かりません 모릅니다
	作つくる 만들다	作ります	作りません 만들지 않습니다
	乗のる 타다	乗ります	乗りません 타지 않습니다
2그룹	見みる 보다	見ます	見ません 보지 않습니다
	食たべる 먹다	食べます	食べません 먹지 않습니다
3그룹	する	します	しません 하지 않습니다
	来くる	来ます	来きません 오지 않습니다

STEP 2 패턴 확인 연습

1. 일어서지 않습니다 ⇒ _____

2. 살지 않습니다 ⇒ _____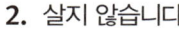

Hint
일어서다 立たつ
(～에) 살다 住すむ

Pattern 036

[동사] ~ないです ~하지 않습니다

동사의 존댓말 부정형에는 ~ないです도 있습니다. 의미는 ~ません과 동일하지만, 비교적 구어적인 느낌이 강합니다. ない형과 같이 활용합니다.

반말 ~ない ➡ Pattern 031
유사패턴 ~ません ➡ Pattern 035

STEP 1 기본기 다지기

	기본형	→ ~ない	→ ないです
1그룹	会ぁう 만나다 行いく 가다 脱ぬぐ 벗다 話はなす 이야기하다 待まつ 기다리다 死しぬ 죽다 呼よぶ 부르다 飲のむ 마시다 分わかる 알다, 이해하다 作つくる 만들다 乗のる 타다	会わない 行かない 脱がない 話さない 待たない 死なない 呼ばない 飲まない 分からない 作らない 乗らない	会わないです 만나지 않습니다 行かないです 가지 않습니다 脱がないです 벗지 않습니다 話さないです 이야기하지 않습니다 待たないです 기다리지 않습니다 死なないです 죽지 않습니다 呼ばないです 부르지 않습니다 飲まないです 마시지 않습니다 分からないです 모릅니다 作らないです 만들지 않습니다 乗らないです 타지 않습니다
2그룹	見みる 보다 食たべる 먹다	見ない 食べない	見ないです 보지 않습니다 食べないです 먹지 않습니다
3그룹	する 来くる	しない 来ない	しないです 하지 않습니다 来こないです 오지 않습니다

STEP 2 패턴 확인 연습

1. 듣지 않습니다 ⇨ _____
2. 배우지 않습니다 ⇨ _____

Hint
배우다 習ならう

Pattern 037

〔동사〕〜ました ~했습니다

동사의 존댓말 과거형은 〜ました 형태를 취합니다. ます형과 같이 활용합니다.

반말 〜た ➡ Pattern 032

STEP 1 기본기 다지기

	기본형	→〜ます	→〜ました
1그룹	会ぁう 만나다	会います	会いました 만났습니다
	行いく 가다	行きます	行きました 갔습니다
	脱ぬぐ 벗다	脱ぎます	脱ぎました 벗었습니다
	話はなす 이야기하다	話します	話しました 이야기했습니다
	待まつ 기다리다	待ちます	待ちました 기다렸습니다
	死しぬ 죽다	死にます	死にました 죽었습니다
	呼ょぶ 부르다	呼びます	呼びました 불렀습니다
	飲のむ 마시다	飲みます	飲みました 마셨습니다
	分ゎかる 알다, 이해하다	分かります	分かりました 알겠습니다
	作つくる 만들다	作ります	作りました 만들었습니다
	乗のる 타다	乗ります	乗りました 탔습니다
2그룹	見みる 보다	見ます	見ました 봤습니다
	食たべる 먹다	食べます	食べました 먹었습니다
3그룹	する	します	しました 했습니다
	来くる	来ます	来ました 왔습니다

STEP 2 패턴 확인 연습

1. 앉았습니다   ⇨ _____

2. 닫았습니다   ⇨ _____

Hint
닫다 閉しめる

Pattern 038

〔동사〕〜ませんでした ～하지 않았습니다

동사 존댓말 과거부정형은 〜ませんでした 형태를 취합니다. ます형과 같이 활용합니다.

반말 〜なかった ➡ Pattern 033
유사패턴 〜なかったです ➡ Pattern 039

STEP 1 기본기 다지기

	기본형	→ 〜ます	→ ませんでした
1그룹	会あう 만나다 行いく 가다 脱ぬぐ 벗다 話はなす 이야기하다 待まつ 기다리다 死しぬ 죽다 呼よぶ 부르다 飲のむ 마시다	会います 行きます 脱ぎます 話します 待ちます 死にます 呼びます 飲みます	会いませんでした 만나지 않았습니다 行きませんでした 가지 않았습니다 脱ぎませんでした 벗지 않았습니다 話しませんでした 이야기하지 않았습니다 待ちませんでした 기다리지 않았습니다 死にませんでした 죽지 않았습니다 呼びませんでした 부르지 않았습니다 飲みませんでした 마시지 않았습니다
	分わかる 알다, 이해하다 作つくる 만들다 乗のる 타다	分かります 作ります 乗ります	分かりませんでした 몰랐습니다 作りませんでした 만들지 않았습니다 乗りませんでした 타지 않았습니다
2그룹	見みる 보다 食たべる 먹다	見ます 食べます	見ませんでした 보지 않았습니다 食べませんでした 먹지 않았습니다
3그룹	する 来くる	します 来ます	しませんでした 하지 않았습니다 来きませんでした 오지 않았습니다

STEP 2 패턴 확인 연습

1. 멈추지 않았습니다 ⇨ _____

2. 달리지 않았습니다 ⇨ _____

Hint
멈추다 止とまる
달리다 走はしる ← 1그룹 동사

Pattern 039

〔동사〕～なかったです ～하지 않았습니다

동사 존댓말 과거부정형에는 ～なかったです 형태도 있습니다. 쓰임은 ～ませんでした와 동일하며, 활용은 ない형과 같이 합니다.

- 반말 ～なかった → Pattern 033
- 유사패턴 ～ませんでした → Pattern 038

STEP 1 기본기 다지기

	기본형	→ ～ない	→ ないです
1그룹	会あう 만나다	会わない	会わなかったです 만나지 않았습니다
	行いく 가다	行かない	行かなかったです 가지 않았습니다
	脱ぬぐ 벗다	脱がない	脱がなかったです 벗지 않았습니다
	話はなす 이야기하다	話さない	話さなかったです 이야기하지 않았습니다
	待まつ 기다리다	待たない	待たなかったです 기다리지 않았습니다
	死しぬ 죽다	死なない	死ななかったです 죽지 않았습니다
	呼よぶ 부르다	呼ばない	呼ばなかったです 부르지 않았습니다
	飲のむ 마시다	飲まない	飲まなかったです 마시지 않았습니다
	分わかる 알다, 이해하다	分からない	分からなかったです 몰랐습니다
	作つくる 만들다	作らない	作らなかったです 만들지 않았습니다
	乗のる 타다	乗らない	乗らなかったです 타지 않았습니다
2그룹	見みる 보다	見ない	見なかったです 보지 않았습니다
	食たべる 먹다	食べない	食べなかったです 먹지 않았습니다
3그룹	する	しない	しなかったです 하지 않았습니다
	来くる	来ない	来こなかったです 오지 않았습니다

STEP 2 패턴 확인 연습

1. 생각하지 않았습니다 ⇒ _____
2. 알지 못했습니다 ⇒ _____

Hint
생각하다 考かんがえる

Pattern 040

[동사] て형 ~하고, ~해서

동사의 연결형은 ~て 형태를 취하기 때문에 て형이라고 합니다. 1그룹의 경우 마지막 문자에 따라서 활용 형태가 달라집니다.

STEP 1 기본기 다지기

	기본형	만드는 법	た형
1그룹	書かく 쓰다 泳およぐ 헤엄치다	く→いて ぐ→いで	書いて 쓰고, 써서 泳いで 헤엄치고, 헤엄쳐서
	買かう 사다 待まつ 기다리다 ある 있다	う・つ・る →って	買って 사고, 사서 待って 기다리고, 기다려서 あって 있고, 있어서
	死しぬ 죽다 遊あそぶ 놀다 読よむ 읽다	ぬ・ぶ・む →んで	死んで 죽고, 죽어서 遊んで 놀고, 놀아서 読んで 읽고, 읽어서
	話はなす 이야기하다	す→して	話して 이야기하고, 이야기해서
	★예외 行いく 가다 → 行って 가고, 가서		
2그룹	見みる 食たべる	る→て	見て 보고, 봐서 食べて 먹고, 먹어서
3그룹	する 来くる		して 하고, 해서 来きて 오고, 와서

STEP 2 패턴 확인 연습

1. 생각하고 ⇒ _____

2. 듣고 ⇒ _____

동사 1,2,3그룹 활용표

동사의 분류

1그룹	기본형의 어미가 る로 끝나지 않는 모든 동사
	기본형의 어미가 る로 끝나는 동사 중에서 그 앞의 모음이 a, u, o인 동사
2그룹	기본형의 어미가 る로 끝나는 동사 중에서 그 앞의 모음이 i, e인 것
3그룹	する / 来くる

	1그룹	2그룹	3그룹
기본형	会あう 만나다 行いく 가다 話はなす 이야기하다 飲のむ 마시다	見みる 보다 食たべる 먹다	する 하다 来くる 오다
ます형	会います 만납니다 行きます 갑니다 話します 이야기합니다 飲みます 마십니다	見ます 봅니다 食べます 먹습니다	します 합니다 来きます 옵니다
ない형	会わない 만나지 않다 行かない 가지 않다 話さない 이야기하지 않다 飲まない 마시지 않다	見ない 보지 않다 食べない 먹지 않다	しない 하지 않다 来こない 오지 않다
た형	会った 만났다 行った 갔다 話した 이야기했다 飲んだ 마셨다	見た 봤다 食べた 먹었다	した 했다 来きた 왔다

예외 1그룹 동사

다음 동사들은 형태적으로는 2그룹의 모습을 하고 있지만, 활용 방식은 1그룹이니까 주의하세요.

e.g. 帰かえる → [활용] 帰ります / 帰らない / 帰った

帰かえる 돌아가다, 돌아오다	入はいる 들어가다
切きる 자르다	知しる 알다

PART 2

일본어 처음 배울 때 꼭 나오는

초간단 회화 패턴

UNIT
05 - 08

pattern 200+

UNIT 05

기본적인 문답

Q 다음 말을 일본어로 할 수 있나요?

1. 저는 회사원입니다.
   _____ 会社員です。

2. 당신은 일본인입니까?
   あなたは 日本人_____。

3. 이름이 뭐예요?
   名前は _____。

4. 제 여자친구예요.
   わたし_____ 彼女です。

5. 그날은 월요일이에요.
   _____ 日は 月曜日です。

6. 내일도 휴일입니다.
   明日_____ 休みです。

정답: 1. わたしは 2. ですか 3. 何ですか 4. の 5. その 6. も

Pattern 041

わたしは ～です
저는 ～입니다, 나는 ～이에요

わたしは ～です는 자기소개에서 가장 흔히 쓰이는 패턴으로, '저는 ～입니다'라는 뜻입니다. わたし를 다른 단어로 바꾸면 다른 사람이나 사물에 대해 말할 수 있습니다.

- 반말 わたしは ～だ
- 부정형 わたしは ～じゃない
- 의문형 わたしは ～ですか

STEP 1 기본기 다지기

저는 일본인입니다. わたしは 日本人(にほんじん)です。

저는 회사원입니다. わたしは 会社員(かいしゃいん)です。

저는 대학생이에요. わたしは 大学生(だいがくせい)です。

저는 한국인이에요. わたしは 韓国人(かんこくじん)です。

난 독신이에요. わたしは 独身(どくしん)です。

STEP 2 패턴 확인 연습

1. 저는 학생입니다.
   ⇒ _____

2. 저는 중국인입니다.
   ⇒ _____

Hint
학생 学生 がくせい
중국인 中国人 ちゅうごくじん

日本人 にほんじん 일본인   会社員 かいしゃいん 회사원   大学生 だいがくせい 대학생   韓国人 かんこくじん 한국인
独身 どくしん 독신

63

Pattern 042

~は …ですか ~은 …입니까?

무언가에 대해 묻고 싶은 일이 있을 때는 ~は …ですか 패턴을 씁니다. '~은 …입니까?'라는 뜻이죠. 대답은 はい(네) 또는 いいえ(아니오)로 합니다.

반말	~は …?
부정형	~は …じゃないですか / じゃありませんか
반말부정형	~は …じゃない?

STEP 1 기본기 다지기

김 씨는 변호사입니까?　　　キムさんは 弁護士ですか。
　　　　　　　　　　　　　　　　　　　べんごし

아버지는 회사원입니까?　　　お父さんは 会社員ですか。
　　　　　　　　　　　　　　とう　　　　かいしゃいん

당신은 일본인입니까?　　　　あなたは 日本人ですか。
　　　　　　　　　　　　　　　　　　にほんじん

박 씨는 대학원생인가요?　　　パクさんは 大学院生ですか。
　　　　　　　　　　　　　　　　　　　　だいがくいんせい

선생님은 독신이세요?　　　　先生は 独身ですか。
　　　　　　　　　　　　　せんせい　どくしん

STEP 2 패턴 확인 연습

1. 이 씨는 학생입니까?

   ⇒ _____

   Hint
   미국 사람　アメリカ人じん

2. 선생님은 미국 사람이에요?

   ⇒ _____

弁護士べんごし 변호사　　お父とうさん 아버지　　あなた 당신, 너　　大学院生だいがくいんせい 대학원생
先生せんせい 선생님

Pattern 043

はい、〜です
네, ~입니다

상대방의 질문에 대해 긍정으로 대답할 때 쓰는 패턴입니다. 그냥 はい만으로도 긍정의 뜻을 나타낼 수 있지만 〜です를 붙이면 더 공손하게 들립니다.

반말 うん、〜だよ (남성)
うん、〜よ (여성)

STEP 1 기본기 다지기

네, 대학생입니다.   はい、大学生(だいがくせい)です。

네, 한국인입니다.   はい、韓国人(かんこくじん)です。

네, 유학생이에요.   はい、留学生(りゅうがくせい)です。

네, 저는 의사예요.   はい、わたしは 医者(いしゃ)です。

네, 오늘은 토요일입니다.   はい、今日(きょう)は 土曜日(どようび)です。

STEP 2 패턴 확인 연습

Hint 여기 ここ

1. 네, 중국인입니다.
   ⇒ _____

2. 네, 여기예요.
   ⇒ _____

留学生 りゅうがくせい 유학생   医者 いしゃ 의사   今日 きょう 오늘   土曜日 どようび 토요일

Pattern 044

いいえ、〜じゃありません/ 〜じゃないです
아뇨, ~이 아닙니다

상대방의 질문에 아니라고 대답할 때 쓰는 패턴입니다. ~じゃありません보다 ~じゃないです가 조금 더 구어적인 어감이 있습니다.

반말 ううん、〜じゃない

STEP 1 기본기 다지기

아뇨, 일본인이 아닙니다.　　いいえ、日本人(にほんじん)じゃありません。

아뇨, 애인 아니에요.　　いいえ、恋人(こいびと)じゃありません。

아뇨, 독신이 아닙니다.　　いいえ、独身(どくしん)じゃありません。

아뇨, 모델이 아닌데요.　　いいえ、モデルじゃありません。

아뇨, 생일이 아닙니다.　　いいえ、誕生日(たんじょうび)じゃありません。

STEP 2 패턴 확인 연습

1. 아뇨, 고등학생 아니에요.
   ⇒ _____

2. 아뇨, 처음이 아닙니다.
   ⇒ _____

Hint
고등학생 高校生(こうこうせい)
처음 初(はじ)めて

恋人(こいびと) 애인　　モデル 모델　　誕生日(たんじょうび) 생일

Pattern 045

〜は何ですか 〜은 무엇입니까?

질문에는 상대방의 대답이 はい(네) / いいえ(아니오)가 되는 질문과, 의문사를 이용해서 상대방이 구체적인 답을 말하게끔 하는 질문이 있는데, 이것은 후자입니다.

반말 〜は何なに？

STEP 1 기본기 다지기

이름이 뭐예요?	名前(なまえ)は 何(なん)ですか。
취미가 뭐예요?	趣味(しゅみ)は 何(なん)ですか。
혈액형이 뭐예요?	血液型(けつえきがた)は 何(なん)ですか。
좋아하는 음식이 뭐예요?	好物(こうぶつ)は 何(なん)ですか。
좌우명은 무엇입니까?	座右(ざゆう)の 銘(めい)は 何(なん)ですか。

STEP 2 패턴 확인 연습

1. 이것은 무엇입니까?
   ⇒ _____

2. 직업이 뭐예요?
   ⇒ _____

Hint
이것 これ
직업, 일 お仕事(しごと)

名前(なまえ) 이름　　趣味(しゅみ) 취미　　血液型(けつえきがた) 혈액형　　好物(こうぶつ) 좋아하는 음식
座右(ざゆう)の 銘(めい) 좌우명

67

Pattern 046

これ・それ・あれは ～です
이것・그것・저것은 ～입니다

これ・それ・あれは 물건의 이름 대신 쓸 수 있는 대명사입니다. 대상과 자신과의 거리에 따라 자신의 영역에 있는 것은 これ(이것), 상대방의 영역에 있는 것은 それ(그것), 그리고 これ도 それ도 아닌 제3의 장소에 있는 것은 あれ(저것)라고 합니다.

반말 これ・それ・あれは ～ (여성)
         これ・それ・あれは ～だ (남성)

STEP 1 기본기 다지기

이것은 책상입니다. これは 机(つくえ)です。

그것은 지갑입니다. それは 財布(さいふ)です。

저것은 학교입니다. あれは 学校(がっこう)です。

이것은 컴퓨터입니다. これは パソコンです。

저것은 서울타워입니다. あれは ソウルタワーです。

STEP 2 패턴 확인 연습

1. 이것은 화장품입니다.
   ⇒ _____

2. 저것은 영화관입니다.
   ⇒ _____

Hint
화장품 化粧品(けしょうひん)
영화관 映画館(えいがかん)

机(つくえ) 책상   財布(さいふ) 지갑   学校(がっこう) 학교   パソコン 컴퓨터   ソウルタワー 서울타워

Pattern 047

～の …です ～의 …입니다

～の는 한국어의 '～의'와 비슷한 조사로, 소유·소속·종류 등을 나타냅니다.

반말 ～の …だ

STEP 1 기본기 다지기

제 여자친구예요.　　　　ぼく**の** 彼女**です**。

일본 카메라입니다.　　　日本**の** カメラ**です**。

미국 영화입니다.　　　　アメリカ**の** 映画**です**。

종이컵입니다.　　　　　紙**の** コップ**です**。

작년 달력이에요.　　　　去年**の** カレンダー**です**。

STEP 2 패턴 확인 연습

1. 선생님 가방입니다.

   ⇒ _____

2. 제 교과서입니다.

   ⇒ _____

Hint
가방　かばん
교과서　**教科書** きょうかしょ

ぼく 나(남자가 자신을 지칭하는 말)　彼女 かのじょ 여자친구　日本 にほん 일본　カメラ 카메라　アメリカ 미국
映画 えいが 영화　紙 かみ 종이　コップ 컵　去年 きょねん 작년　カレンダー 달력

この・その・あの 〜は …です

이・그・저 〜은 …입니다

この・その・あの를 쓰면 뒤에 오는 명사를 특정화시킬 수 있습니다. 예를 들어서, 여러 펜 중에서 특히 '이 펜'이라고 하고 싶을 때는 このペン이라고 말하면 되죠.

반말 この・その・あの 〜は …だ

STEP 1 기본기 다지기

이 사람은 저희 선생님입니다.
→ この 人(ひと)は わたしの 先生(せんせい)です。

그 소고기는 미국산입니다.
→ その 牛肉(ぎゅうにく)は アメリカ産(さん)です。

저 가방은 제 거예요.
→ あの かばんは わたしのです。

이 핸드폰은 편리합니다.
→ この 携帯(けいたい)は 便利(べんり)です。

그날은 월요일이에요.
→ その 日(ひ)は 月曜日(げつようび)です。

STEP 2 패턴 확인 연습

1. 이 잡지는 제 거예요.
   ⇒ _____

2. 저 건물은 백화점입니다.
   ⇒ _____

Hint
잡지 雑誌ざっし
건물 建物たてもの
백화점 デパート

牛肉ぎゅうにく 소고기　〜産さん 〜산　携帯けいたい 핸드폰　便利べんりだ 편리하다　日ひ 날
月曜日げつようび 월요일

Pattern 049

～も …です ～도 …입니다

두 사물 사이에 같은 요소가 있을 때는 조사 ～も를 쓰면 공통점을 강조할 수 있습니다. 누군가와 ～も의 요소가 많으면 많을수록 친해질 확률도 높아지겠죠?

반말 ～も …だ

STEP 1 기본기 다지기

저도 일본인입니다.	わたしも 日本人です。
저 사람도 대학생이에요.	あの 人も 大学生です。
내일도 휴일입니다.	明日も 休みです。
이 상품도 인기가 있습니다.	この 商品も 人気です。
고등학생도 바빠요.	高校生も 忙しいです。

STEP 2 패턴 확인 연습

1. 저 사람도 일본어 선생님입니다.

   ⇒ _____

2. 저도 그 아이돌 팬이에요.

   ⇒ _____

Hint
일본어 日本語にほんご
아이돌 アイドル
팬 ファン

明日あした 내일   休やすみ 휴일   商品しょうひん 상품   人気にんきだ 인기가 있다   忙いそがしい 바쁘다

UNIT 06
왕초보 의문사 패턴

Q 다음 말을 일본어로 할 수 있나요?

1. 커피는 얼마예요?
   コーヒーは _____。

2. 드라마는 몇 시예요?
   ドラマは _____。

3. 생일은 언제예요?
   <ruby>誕生日<rt>たんじょう び</rt></ruby>は _____。

4. 날씨는 어때요?
   <ruby>天気<rt>てん き</rt></ruby>は _____。

5. 데이트는 어땠습니까?
   デートは _____。

6. 실례지만, 다나카 씨는 나이가 어떻게 되세요?
   <ruby>失礼<rt>しつれい</rt></ruby>ですが、<ruby>田中<rt>た なか</rt></ruby>さんは _____。

정답 1. いくらですか 2. 何時ですか 3. いつですか 4. どうですか 5. どうでしたか 6. おいくつですか

～はいくらですか　～은 얼마입니까?

Pattern 050

가격을 물어볼 때 쓰는 패턴입니다. 가격을 알고 싶은 상품명 뒤에 붙여 주면 되죠.

- **반말** ～はいくら？
- **과거형** ～はいくらでしたか

STEP 1 기본기 다지기

커피는 얼마예요?	コーヒーは いくらですか。
식사 값은 얼마예요?	食事代(しょくじだい)は いくらですか。
집세는 얼마입니까?	家賃(やちん)は いくらですか。
월급은 얼마죠?	給料(きゅうりょう)は いくらですか。
이 햄버거는 얼마예요?	この ハンバーガーは いくらですか。

STEP 2 패턴 확인 연습

1. 이 꽃은 얼마예요?
   ⇒ _____

2. 시급은 얼마죠?
   ⇒ _____

Hint
꽃 花(はな)
시급 時給(じきゅう)

コーヒー 커피　食事代(しょくじだい) 식사 값　家賃(やちん) 집세　給料(きゅうりょう) 월급, 급여
ハンバーガー 햄버거

Pattern 051

～は何時ですか ～은 몇 시입니까?

시간을 물어볼 때 쓸 수 있는 패턴입니다. 좀 더 정확한 시각을 알고 싶을 때는 ～は何時何分なんじなんぷんですか라고 하면 됩니다.

반말 ～は何時？
과거형 ～は何時でしたか

STEP 1 기본기 다지기

영화는 몇 시입니까?	映画(えいが)は 何時(なんじ)ですか。
드라마는 몇 시예요?	ドラマは 何時(なんじ)ですか。
지금은 몇 시입니까?	今(いま)は 何時(なんじ)ですか。
시작은 몇 시입니까?	始(はじ)まりは 何時(なんじ)ですか。
끝은 몇 시죠?	終(お)わりは 何時(なんじ)ですか。

STEP 2 패턴 확인 연습

1. 시험은 몇 시입니까?
   ⇒ _____

2. 콘서트는 몇 시입니까?
   ⇒ _____

Hint
시험, 테스트 テスト
콘서트 コンサート

映画(えいが) 영화   ドラマ 드라마   今(いま) 지금   始(はじ)まり 시작   終(お)わり 끝

Pattern 052

〜はいつですか
〜은 언제입니까?

何時なんじですか는 시각을 물어보는 표현이지만, いつですか는 좀 더 넓은 개념으로 시간이나 날짜에 대한 것 전반을 물어볼 수 있습니다.

반말 〜はいつ？
과거형 〜はいつでしたか

STEP 1 기본기 다지기

시험은 언제입니까?	テストは いつですか。
생일은 언제예요?	誕生日(たんじょうび)は いつですか。
마감은 언제인가요?	しめきりは いつですか。
기념일은 언제예요?	記念日(きねんび)は いつですか。
휴일은 언제입니까?	休(やす)みは いつですか。

STEP 2 패턴 확인 연습

1. 생일은 언제입니까?
   ⇒ _____

2. 예정일은 언제예요?
   ⇒ _____

Hint
예정일 予定日よていび

誕生日たんじょうび 생일   しめきり 마감   記念日きねんび 기념일   休やすみ 휴일

Pattern 053

～から …まで ～부터/에서 …까지

시발점과 도착점을 나타내는 패턴입니다. '5시~10시'처럼 기간을 나타낼 때나 '서울~부산'처럼 거리를 나타낼 때도 쓸 수 있습니다.

STEP 1 기본기 다지기

3시**부터** 5시**까지** 　　　３<ruby>時<rt>じ</rt></ruby>**から** ５<ruby>時<rt>じ</rt></ruby>**まで**

4일**부터** 9일**까지** 　　　４<ruby>日<rt>か</rt></ruby>**から** ９<ruby>日<rt>このか</rt></ruby>**まで**

월요일**부터** 수요일**까지** 　<ruby>月曜日<rt>げつようび</rt></ruby>**から** <ruby>水曜日<rt>すいようび</rt></ruby>**まで**

도쿄**에서** 오사카**까지** 　　<ruby>東京<rt>とうきょう</rt></ruby>**から** <ruby>大阪<rt>おおさか</rt></ruby>**まで**

처음**부터** 끝**까지** 　　　　<ruby>最初<rt>さいしょ</rt></ruby>**から** <ruby>最後<rt>さいご</rt></ruby>**まで**

STEP 2 패턴 확인 연습

1. 여기서 저기까지

    ⇒ _____

   Hint
   여기 ここ
   저기 あそこ

2. 5일부터 8일까지

    ⇒ _____

| 1일 ついたち | 2일 ふつか | 3일 みっか | 4일 よっか | 5일 いつか |
| 6일 むいか | 7일 なのか | 8일 ようか | 9일 ここのか | 10일 とおか |

東京 とうきょう 도쿄　　大阪 おおさか 오사카　　最初 さいしょ 처음, 최초　　最後 さいご 끝, 마지막, 최후

Pattern 054

～はどうですか ～은 어떻습니까?

느낌이나 인상을 물어볼 때 쓸 수 있는 패턴으로, 대답으로는 형용사가 오는 경우가 많습니다. 또한 상대방에게 뭔가를 권할 때도 쓸 수 있습니다.

반말 ～はどう？

STEP 1 기본기 다지기

상태는 어떻습니까?	調子(ちょうし)は どうですか。
날씨는 어때요?	天気(てんき)は どうですか。
소감은 어떻습니까?	感想(かんそう)は どうですか。
살아 본 느낌은 어떻습니까?	住(す)み心地(ごこち)は どうですか。
영화는 어때요?	映画(えいが)は どうですか。

STEP 2 패턴 확인 연습

1. 한국의 겨울은 어떻습니까?
   ⇨ _____

2. 당신의 의견은 어떻습니까?
   ⇨ _____

Hint
한국 韓国(かんこく)
겨울 冬(ふゆ)
의견 意見(いけん)

調子(ちょうし) 상태, 컨디션   天気(てんき) 날씨   感想(かんそう) 소감   住(す)み心地(ごこち) 살아 본 느낌

Pattern 055
～はどうでしたか ～은 어땠습니까?

지난 일에 대한 소감이나 느낌을 물어볼 때 쓸 수 있는 패턴입니다. 대답은 형용사 과거형으로 하는 경우가 대부분입니다.

반말 ～はどうだった？

STEP 1 기본기 다지기

영화는 어땠습니까?　　　　映画は どうでしたか。

면접은 어땠습니까?　　　　面接は どうでしたか。

데이트는 어땠습니까?　　　デートは どうでしたか。

오사카는 어땠습니까?　　　大阪は どうでしたか。

시험 결과는 어땠습니까?　　テストの 結果は どうでしたか。

STEP 2 패턴 확인 연습

1. 수업은 어땠어요?
   ⇒ _____

   Hint
   수업 授業じゅぎょう
   음식 食たべ物もの

2. 일본 음식은 어땠어요?
   ⇒ _____

面接めんせつ 면접　　デート 데이트　　結果けっか 결과

Pattern 056
失礼ですが、～はおいくつですか
실례지만, ～는 나이가 어떻게 되세요?

나이를 물어볼 때 가장 직설적인 질문은 何歳なんさいですか이지만, 나이라는 것 자체가 민감한 화제인 만큼 돌려서 おいくつですか로 물어보는 것이 무난합니다.

반말 ～さん、いくつ？
  ～さん、何歳なんさい？

STEP 1 기본기 다지기

실례지만, 다나카 씨는 나이가 어떻게 되세요?	失礼ですが、田中さんは おいくつですか。
실례지만, 김 씨는 나이가 어떻게 되세요?	失礼ですが、キムさんは おいくつですか。
실례지만, 사장님은 연세가 어떻게 되세요?	失礼ですが、社長は おいくつですか。
실례지만, 선생님은 나이가 어떻게 되세요?	失礼ですが、先生は おいくつですか。
실례지만, 자녀분은 나이가 어떻게 돼요?	失礼ですが、お子さんは おいくつですか。

STEP 2 패턴 확인 연습

1. 실례지만, 야마다 씨는 나이가 어떻게 되세요?
   ⇒ _____

   Hint 과장님 課長かちょう

2. 실례지만, 과장님은 나이가 어떻게 되세요?
   ⇒ _____

社長しゃちょう 사장님   先生せんせい 선생님   お子こさん 자녀분

숫자 총정리

숫자 세는 방법

	1~9	10~90	100~900	1,000~9,000	10,000~90,000
1	いち	じゅう	ひゃく	せん	いちまん
2	に	にじゅう	にひゃく	にせん	にまん
3	さん	さんじゅう	さんびゃく	さんぜん	さんまん
4	よん / し	よんじゅう	よんひゃく	よんせん	よんまん
5	ご	ごじゅう	ごひゃく	ごせん	ごまん
6	ろく	ろくじゅう	ろっぴゃく	ろくせん	ろくまん
7	なな / しち	ななじゅう	ななひゃく	ななせん	ななまん
8	はち	はちじゅう	はっぴゃく	はっせん	はちまん
9	きゅう	きゅうじゅう	きゅうひゃく	きゅうせん	きゅうまん

시간을 세는 방법

	~시	~분
1	いちじ	いっぷん
2	にじ	にふん
3	さんじ	さんぷん
4	よじ	よんぷん
5	ごじ	ごふん
6	ろくじ	ろっぷん
7	しちじ	ななふん
8	はちじ	はっぷん
9	くじ	きゅうふん
10	じゅうじ	じゅっぷん
11	じゅういちじ	じゅういっぷん
12	じゅうにじ	じゅうにふん
20		にじゅっぷん
30		さんじゅっぷん / はん
40		よんじゅっぷん
50		ごじゅっぷん

달력을 읽는 방법

1월 いちがつ	2월 にがつ	3월 さんがつ	4월 しがつ	5월 ごがつ	6월 ろくがつ
7월 しちがつ	8월 はちがつ	9월 くがつ	10월 じゅうがつ	11월 じゅういちがつ	12월 じゅうにがつ

일요일 **にちようび**	월요일 **げつようび**	화요일 **かようび**	수요일 **すいようび**	목요일 **もくようび**	금요일 **きんようび**	토요일 **どようび**
1일 ついたち	2일 ふつか	3일 みっか	4일 よっか	5일 いつか	6일 むいか	7일 なのか
8일 ようか	9일 ここのか	10일 とおか	11일 じゅういち にち	12일 じゅうに にち	13일 じゅうさん にち	14일 じゅうよっか
15일 じゅうご にち	16일 じゅうろく にち	17일 じゅうしち にち	18일 じゅうはち にち	19일 じゅうく にち	20일 はつか	21일 にじゅういち にち
22일 にじゅうに にち	23일 にじゅうさん にち	24일 にじゅう よっか	25일 にじゅうご にち	26일 にじゅうろく にち	27일 にじゅうしち にち	28일 にじゅうはち にち
29일 にじゅうく にち	30일 さんじゅう にち	31일 さんじゅう いちにち				

UNIT 07

좋고 싫음, 잘하고 못함, 비교 표현

Q 다음 말을 일본어로 할 수 있나요?

1. 어떤 음악을 좋아합니까?
   _____ 音楽が 好きですか。

2. 술을 좋아해요.
   お酒が _____ 。

3. 공부를 싫어해요.
   勉強が _____ 。

4. 영어를 잘합니다.
   英語 _____ 得意です。

5. 버스보다 지하철이 더 빨라요.
   バス _____ 地下鉄 _____ 早いです。

6. 일본 요리 중에서 무엇이 가장 맛있어요?
   日本料理の 中で 何が _____ おいしいですか。

정답 1. どんな 2. 好きです 3. 嫌いです 4. が 5. より/のほうが 6. 一番

Pattern 057

どんな ～が好きですか
어떤 ～을 좋아합니까?

취향을 물어볼 때는 ～が好きですか(～을 좋아합니까?)라고 합니다. 어떤 것을 좋아하는지 묻고 싶을 때는 앞에「どんな＋장르」를 붙이면 되죠.

- **반말** どんな ～が好き？
- **과거형** どんな ～が好きでしたか

STEP 1 기본기 다지기

어떤 음악을 좋아합니까?	どんな 音楽が 好きですか。
어떤 술을 좋아합니까?	どんな お酒が 好きですか。
어떤 남자를 좋아합니까?	どんな 男の人が 好きですか。
어떤 스포츠를 좋아해요?	どんな スポーツが 好きですか。
어떤 영화를 좋아해요?	どんな 映画が 好きですか。

STEP 2 패턴 확인 연습

1. 어떤 음료를 좋아합니까?
   ⇒ _____

2. 어떤 드라마를 좋아합니까?
   ⇒ _____

Hint
음료 飲のみ物もの
드라마 ドラマ

音楽おんがく 음악　お酒さけ 술　男おとこの人ひと 남자　スポーツ 스포츠　映画えいが 영화

Pattern 058

～が好きです ～을 좋아합니다

자신이 좋아하는 것을 말할 때 쓰는 패턴입니다. ～を好きです라고 잘못 쓰는 사람이 많은데, ～が好きです가 올바른 말이니 주의하세요.

반말 ～が好きだ (남자) / ～が好き (여자)
과거형 ～が好きでした

STEP 1 기본기 다지기

술을 좋아해요.　　　　　　お酒が 好きです。

당신을 좋아해요.　　　　　あなたが 好きです。

영화를 좋아합니다.　　　　映画が 好きです。

일본어를 좋아합니다.　　　日本語が 好きです。

서울을 좋아합니다.　　　　ソウルが 好きです。

STEP 2 패턴 확인 연습

1. 중화요리를 좋아합니다.

   ⇒ _____

2. 스포츠를 좋아합니다.

   ⇒ _____

Hint
중화요리
中華料理ちゅうかりょうり

日本語にほんご 일본어　　ソウル 서울

Pattern 059

～が嫌いです   ～을 싫어합니다

자신이 싫어하는 것을 말할 때 쓰는 패턴입니다. 아주 직설적인 표현이기 때문에 상대방에게 충격을 줄 수도 있으니 조심해서 사용하세요.

반말 ～が嫌いだ (남자) / ～が嫌い (여자)
과거형 ～が嫌いでした

STEP 1 기본기 다지기

당신을 싫어해요.	あなたが 嫌(きら)いです。
야채를 싫어합니다.	野菜(やさい)が 嫌(きら)いです。
스포츠를 싫어합니다.	スポーツが 嫌(きら)いです。
시험을 싫어합니다.	テストが 嫌(きら)いです。
공부를 싫어해요.	勉強(べんきょう)が 嫌(きら)いです。

STEP 2 패턴 확인 연습

1. 수학을 싫어합니다.
   ⇒ _____

2. 댄스를 싫어합니다.
   ⇒ _____

Hint
수학 数学 すうがく
댄스 ダンス

野菜 やさい 야채   テスト 시험, 테스트   勉強 べんきょう 공부

Pattern 060

〜が得意です
~을 잘합니다

능력을 나타내는 패턴이죠. 잘하는 것이나 자신 있는 것을 得意とくい라고 합니다. 이때도 앞에는 조사 が를 쓴다는 것 주의하세요.

반말 〜が得意だ (남자)
과거형 〜が得意でした

STEP 1 기본기 다지기

영어를 잘합니다. 　　　英語(えいご)が 得意(とくい)です。

스포츠를 잘합니다. 　　スポーツが 得意(とくい)です。

노래를 잘합니다. 　　　歌(うた)が 得意(とくい)です。

수학을 잘해요. 　　　　数学(すうがく)が 得意(とくい)です。

댄스를 잘 해요. 　　　　ダンスが 得意(とくい)です。

STEP 2 패턴 확인 연습

1. 일본어를 잘합니다.
   ⇒ _____

2. 한국어를 잘해요.
   ⇒ _____

Hint
한국어 韓国語(かんこくご)

英語えいご 영어　歌うた 노래

～が苦手です ～을 잘 못합니다

Pattern 061

뭔가를 잘 못한다고 할 때 쓸 수 있는 패턴입니다. 잘 못하는 것은 苦手にがて라고 하죠. 이때도 앞에 오는 조사는 が라는 것 기억하세요.

반말 ～が苦手だ (남자) / ～が苦手 (여자)
과거형 ～が苦手でした

STEP 1 기본기 다지기

축구를 잘 못합니다. サッカーが 苦手です。

피아노를 잘 못 칩니다. ピアノが 苦手です。

술을 잘 못합니다. お酒が 苦手です。

연애가 서투릅니다. 恋愛が 苦手です。

물리학을 잘 못합니다. 物理学が 苦手です。

STEP 2 패턴 확인 연습

1. 한국어를 잘 못합니다.
   ⇒ _____

   Hint 스키 スキー

2. 스키를 잘 못 탑니다.
   ⇒ _____

サッカー 축구   ピアノ 피아노   恋愛れんあい 연애   物理学ぶつりがく 물리학

Pattern 062

AとBとどちらが～ですか
A와 B 중 어느 쪽이 ～입니까?

두 가지를 비교해서 어느 쪽이 어떠한지를 물어보는 패턴입니다. ですか 앞에는 형용사가 오죠.

반말 AとBとどっちが～?

STEP 1 기본기 다지기

사과와 바나나 중에서 어느 쪽을 좋아해요?	りんごと バナナと どちらが 好きですか。
와인과 맥주 중에서 어느 쪽을 좋아합니까?	ワインと ビールと どちらが 好きですか。
도쿄와 서울 중에서 어느 쪽이 추워요?	東京と ソウルと どちらが 寒いですか。
버스와 지하철 중에서 어느 쪽이 빠르죠?	バスと 地下鉄と どちらが 早いですか。
현금과 카드 중에서 어느 쪽이 편리해요?	現金と カードと どちらが 便利ですか。

STEP 2 패턴 확인 연습

1. 밥과 빵 중에서 어느 쪽을 좋아합니까?
   ⇒ _____

2. 라면과 볶음밥 중에서 어느 쪽이 싸요?
   ⇒ _____

Hint
밥 ご飯はん
빵 パン
라면 ラーメン
볶음밥 チャーハン
싸다 安やすい

りんご 사과　バナナ 바나나　ワイン 와인　ビール 맥주　東京とうきょう 도쿄　寒さむい 춥다　バス 버스
地下鉄ちかてつ 지하철　早はやい 빠르다　現金げんきん 현금　カード 카드　便利べんりだ 편리하다

Pattern 063

AよりBの方が～   A보다 B가 더 ～

Pattern 062「AとBと どちらが ～ですか」에 대한 답으로 쓸 수 있는 패턴입니다. Aより를 생략하고 「Bの方が～」만으로 대답할 수도 있죠.

회화체 AよりBのが～

STEP 1 기본기 다지기

사과보다 바나나를 더 좋아해요.   りんごより バナナの方が 好きです。

와인보다 맥주를 더 좋아해요.   ワインより ビールの方が 好きです。

도쿄보다 서울이 더 추워요.   東京より ソウルの方が 寒いです。

버스보다 지하철이 더 빨라요.   バスより 地下鉄の方が 早いです。

현금보다 카드가 더 편리해요.   現金より カードの方が 便利です。

STEP 2 패턴 확인 연습

1. 오사카보다 교토가 더 덥습니다.
   ⇒ _____

2. 사과보다 배가 더 달아요.
   ⇒ _____

Hint
오사카 大阪おおさか
교토 京都きょうと
덥다 暑あつい
배 梨なし
달다 甘あまい

Pattern 064

～の中で 何が 一番 …ですか

~ 중에서 무엇이 가장 …합니까?

세 가지 이상을 비교할 때 쓸 수 있는 패턴입니다. 何が 대신에 다른 의문사를 넣어 물어볼 수 있습니다. 장소를 물어볼 때는 どこが, 사람을 물어볼 때는 だれが, 시간을 물어볼 때는 いつが를 넣으면 되죠.

반말 ～の中で何が一番…？

STEP 1 기본기 다지기

이 세 가지 중에서 무엇이 가장 비싸요?	この 三つの中で 何が 一番 高いですか。
음악 중에서 무엇을 가장 좋아해요?	音楽の中で 何が 一番 好きですか。
일본 요리 중에서 무엇이 가장 맛있어요?	日本料理の中で 何が 一番 おいしいですか。
한국 중에서 어디가 가장 추워요?	韓国の中で どこが 一番 寒いですか。
반에서 누가 가장 귀여워요?	クラスの中で だれが 一番 かわいいですか。

STEP 2 패턴 확인 연습

1. 일본 요리 중에서 무엇을 가장 좋아해요?

   ⇒ _____

   Hint
   과일 果物くだもの

2. 과일 중에서 무엇을 가장 좋아합니까?

   ⇒ _____

三みっつ 세 개　　高たかい 비싸다, 높다　　日本料理にほんりょうり 일본 요리　　おいしい 맛있다　　韓国かんこく 한국
クラス 반　　かわいい 귀엽다

UNIT 08
위치를 나타내는 패턴

Q 다음 말을 일본어로 할 수 있나요?

1. 사과가 있습니다.

   りんごが _____。

2. 애인이 있습니다.

   恋人(こいびと)が _____。

3. 월요일에 시험이 있습니다.

   月曜日(げつようび) _____ テストが あります。

4. 저는 여기에 있습니다.

   わたしは _____ います。

5. 화장실은 어디에 있습니까?

   トイレは _____ ありますか。

6. 고양이가 의자 밑에 있습니다.

   猫(ねこ)が 椅子(いす)の _____ います。

Pattern 065

～があります ～이 있습니다

생명이 없는 사물의 존재를 나타낼 때 쓸 수 있는 패턴입니다. 반말 부정형은 ～があらない가 아니라 ～がない가 됩니다.

- **반말** ～がある
- **부정형** ～がありません
- **반말부정형** ～がない

STEP 1 기본기 다지기

가방이 있습니다.   かばんが あります。

사과가 있습니다.   りんごが あります。

화장실이 있습니다.   トイレが あります。

예정이 있어요.   予定（よてい）が あります。

과자가 있어요.   お菓子（かし）が あります。

STEP 2 패턴 확인 연습

1. 자동차가 있습니다.
   ⇒ _____

2. 숙제가 있습니다.
   ⇒ _____

Hint
자동차 自動車 じどうしゃ
숙제 宿題 しゅくだい

かばん 가방   りんご 사과   トイレ 화장실   予定 よてい 예정   お菓子 かし 과자

Pattern 066

～がいます   ～이 있습니다

～があります와 마찬가지로 존재를 나타내는 패턴입니다. 단, 살아 있는 생물(사람, 동물)의 존재를 나타냅니다.

- **반말**   ～がいる
- **부정형** ～がいません
- **반말부정형** ～がいない

STEP 1 기본기 다지기

애인이 있습니다.   恋人(こいびと)が います。

선생님이 있습니다. 先生(せんせい)が います。

개가 있습니다.   犬(いぬ)が います。

고양이가 있어요.   猫(ねこ)が います。

산타 할아버지가 있어요. サンタクロースが います。

STEP 2 패턴 확인 연습

1. 애완동물이 있습니다.

   ⇒

   Hint
   애완동물 ペット
   학생 学生(がくせい)

2. 학생이 있습니다.

   ⇒

恋人(こいびと) 애인   先生(せんせい) 선생님   犬(いぬ) 개   猫(ねこ) 고양이   サンタクロース 산타 할아버지

Pattern 067
～にあります
～에 있습니다

사물, 식물 등 생물의 위치를 나타낼 때는 あります 앞에 조사 に를 붙이면 됩니다. 이 패턴은 어떤 이벤트가 있는 날짜를 나타낼 때도 쓸 수 있습니다.

- 반말: ～にある
- 부정형: ～にありません
- 반말부정형: ～にない

STEP 1 기본기 다지기

시계가 교실에 있습니다. 　　時計が 教室に あります。

우리집에 피아노가 있습니다. 　　わたしの 家に ピアノが あります。

월요일에 시험이 있습니다. 　　月曜日に テストが あります。

냉장고에 콜라가 있어요. 　　冷蔵庫に コーラが あります。

봄에 축제가 있어요. 　　春に お祭りが あります。

STEP 2 패턴 확인 연습

1. 후지산은 일본에 있습니다.
   →

2. 방에 침대가 있습니다.
   →

Hint
후지산 富士山 ふじさん
방 部屋 へや
침대 ベッド

時計 とけい 시계　　教室 きょうしつ 교실　　家 いえ 집　　ピアノ 피아노　　月曜日 げつようび 월요일　　テスト 시험
冷蔵庫 れいぞうこ 냉장고　　コーラ 콜라　　春 はる 봄　　お祭 まつり 축제

Pattern 068

～にいます   ～에 있습니다

사람이나 동물 등의 생물이 어디에 있다고 말할 때 쓸 수 있는 패턴입니다. 단, 꽃이나 나무와 같은 식물이 어디에 있다고 말할 때는 ～にあります를 써야 합니다.

- **반말** ～にいる
- **부정형** ～にいません
- **반말부정형** ～にいない

STEP 1 기본기 다지기

저는 여기에 있습니다.
わたしは ここに います。

선생님은 교실에 있습니다.
先生は 教室に います。

기무라 씨는 도쿄에 있습니다.
木村さんは 東京に います。

코끼리는 인도에 있어요.
ぞうは インドに います。

제 방에 바퀴벌레가 있어요.
わたしの 部屋に ゴキブリが います。

STEP 2 패턴 확인 연습

1. 미국에 친구가 있습니다.

   ⇒ _____

2. 선수가 야구장에 있습니다.

   ⇒ _____

Hint
- 미국 アメリカ
- 친구 友達ともだち
- 선수 選手せんしゅ
- 야구장 野球場やきゅうじょう

東京とうきょう 도쿄   ぞう 코끼리   インド 인도   ゴキブリ 바퀴벌레

Pattern 069

~は どこに ありますか/いますか

~은 어디에 있습니까?

사물이나 생물이 있는 장소나 위치를 물어보는 패턴입니다. 대상이 사물일 경우엔 ありますか를, 생물인 경우엔 いますか를 씁니다.

반말 ~はどこにある？/いる？

STEP 1 기본기 다지기

화장실은 어디에 있습니까?	トイレは どこに ありますか。
애인은 어디에 있습니까?	恋人(こいびと)は どこに いますか。
창문은 어디에 있습니까?	窓(まど)は どこに ありますか。
호랑이는 어디에 있어요?	虎(とら)は どこに いますか。
제 차는 어디에 있어요?	わたしの 車(くるま)は どこに ありますか。

STEP 2 패턴 확인 연습

1. 당신의 마음은 어디에 있습니까?

   ⇒ _____

   Hint
   마음 心こころ

2. 제 애인은 어디에 있어요?

   ⇒ _____

窓まど 창문   虎とら 호랑이   車くるま 차

Pattern 070

～の …にあります/います ~의 …에 있습니다

'침대 위(ベッドの上)', '의자 밑(椅子の下)'처럼 위치를 나타내는 단어를 써서 대상의 위치를 보다 정확하게 표현할 수 있습니다.

上うえ(위) / 下した(아래) / 外そと(밖) / 中なか(안, 속) / 前まえ(앞) / 後うしろ(뒤)

반말 ～の …にある/いる

STEP 1 기본기 다지기

베개가 침대 위에 있습니다.	まくらが ベッドの 上に あります。
고양이가 의자 밑에 있어요.	猫が 椅子の 下に います。
화장실은 가게 밖에 있어요.	トイレは 店の 外に あります。
파일이 폴더 안에 있어요.	ファイルが フォルダーの 中に あります。
애인이 영화관 앞에 있어요.	恋人が 映画館の 前に います。

STEP 2 패턴 확인 연습

1. 학교 앞에 도서관이 있습니다.
   ⇒ _____

2. 의자 위에 고양이가 있습니다.
   ⇒ _____

Hint
학교 学校がっこう
도서관 図書館としょかん

まくら 베개　椅子いす 의자　店みせ 가게　ファイル 파일　フォルダー 폴더　映画館えいがかん 영화관

위치를 나타내는 표현

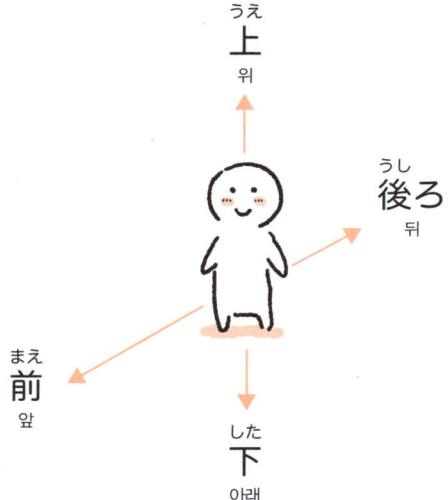

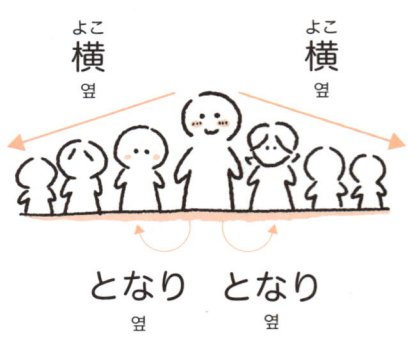

> **요건 덤**
> となり는 비슷한 것끼리 늘어서 있을 때 바로 옆에 있는 것을 나타내는 반면, よこ는 단순히 옆 방향의 연장선상에 있는 것을 나타냅니다.

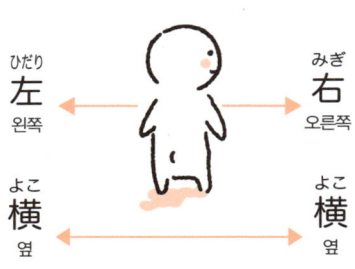

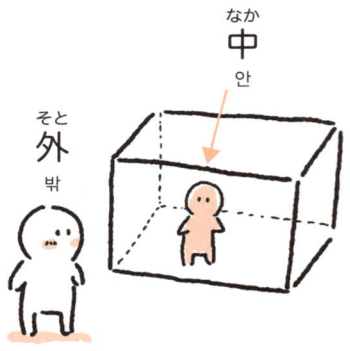

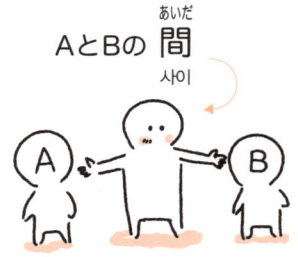

PART

3

초간단 동사활용 패턴

UNIT
09 - 12
pattern 200+

기본 동작 표현하기

> **Q** 다음 말을 일본어로 할 수 있나요?
>
> 1. 옷을 샀습니다.
>   服を _____。
>
> 2. 아침식사를 먹지 않았습니다.
>   朝ごはんを _____。
>
> 3. 일본에 갑니다.
>   日本に _____。
>
> 4. 친구를 만납니다.
>   友達_____ 会います。
>
> 5. 대학생이 됩니다.
>   大学生に _____。
>
> 6. 커피를 마시고 있습니다.
>   コーヒーを 飲んで _____。

정답 1. 買いました 2. 食べませんでした 3. 行きます 4. に 5. なります 6. います

Pattern 071

～を …ます ~을 …합니다

食べます(먹습니다)나 飲みます(마십니다)처럼 무엇을 먹고 마시는지 그 대상을 나타낼 필요가 있는 것은 앞에 조사 を를 쓰면 됩니다. 동사 ます형을 만드는 방법은 Pattern 034를 참조해 주세요.

반말 ～を + 동사 기본형
부정형 ～を …ません

STEP 1 기본기 다지기

피자를 먹습니다.	ピザを 食(た)べます。
주스를 마십니다.	ジュースを 飲(の)みます。
책을 읽습니다.	本(ほん)を 読(よ)みます。
음악을 들어요.	音楽(おんがく)を 聞(き)きます。
친구를 기다려요.	友達(ともだち)を 待(ま)ちます。

STEP 2 패턴 확인 연습

1. 술을 마십니다.
   ⇒ _____

2. 영화를 봅니다.
   ⇒ _____

Hint
술 お酒(さけ)
영화 映画(えいが)
보다 見(み)る

ピザ 피자　食(た)べる 먹다　ジュース 주스　飲(の)む 마시다　本(ほん) 책　読(よ)む 읽다　音楽(おんがく) 음악
聞(き)く 듣다　友達(ともだち) 친구　待(ま)つ 기다리다

Pattern 072

～を …ました ～을 …했습니다

～ました는 ～ます의 과거형이죠? 과거의 행동을 표현하는 패턴입니다. ～ました를 만드는 방법은 Pattern 037을 참조해 주세요.

반말 ～を …た

STEP 1 기본기 다지기

고기를 먹었습니다. 　　　　肉を 食べました。

와인을 마셨습니다. 　　　　ワインを 飲みました。

옷을 샀습니다. 　　　　服を 買いました。

리포트를 썼어요. 　　　　レポートを 書きました。

만화를 읽었어요. 　　　　漫画を 読みました。

STEP 2 패턴 확인 연습

1. 커피를 마셨습니다.
   ⇒ _____

2. 쿠키를 먹었습니다.
   ⇒ _____

Hint
커피 コーヒー
쿠키 クッキー

肉にく 고기　　ワイン 와인　　服ふく 옷　　買かう 사다　　レポート 리포트　　書かく 쓰다　　漫画まんが 만화

Pattern 073
～を …ませんでした ～을 …하지 않았습니다

～ませんでした(～하지 않았습니다)는 ～ます(～합니다)를 과거부정형으로 만든 것입니다. 「～を …なかったです」라고 해도 같은 뜻이죠. ～ませんでした를 만드는 방법은 Pattern 038를 참조해 주세요.

반말　～を …なかった ➡ Pattern 033

STEP 1 기본기 다지기

영화를 보지 않았습니다.　　　映画を 見ませんでした。

이야기를 듣지 않았습니다.　　話を 聞きませんでした。

아침식사를 먹지 않았습니다.　朝ごはんを 食べませんでした。

컴퓨터를 사지 않았어요.　　　パソコンを 買いませんでした。

잡지를 읽지 않았어요.　　　　雑誌を 読みませんでした。

STEP 2 패턴 확인 연습

1. 요리를 만들지 않았습니다.

   ⇒ _____

2. 소식을 듣지 않았습니다.

   ⇒ _____

Hint
요리 料理りょうり
만들다 作つくる
소식 お知しらせ

話はなし 이야기　　朝あさごはん 아침식사　　パソコン 컴퓨터　　雑誌ざっし 잡지

Pattern 074

～に行きます ～에 갑니다

어딘가로 이동할 때 쓸 수 있는 패턴이죠. 이동할 목적지에 조사 に를 붙인 다음 行きます를 연결합니다.

- 반말　　　～に行く
- 부정형　　～に行きません
- 과거형　　～に行きました
- 과거부정형　～に行きませんでした

STEP 1 기본기 다지기

학교에 갑니다.	学校に 行きます。
일본에 가요.	日本に 行きます。
서울에 갑니다.	ソウルに 行きます。
도서관에 가요.	図書館に 行きます。
데이트하러 갑니다.	デートに 行きます。

デート처럼 행동을 나타내는 명사가 ～に行きます 앞에 오면 '～하러 갑니다'라는 뜻이 됩니다.

STEP 2 패턴 확인 연습

1. 역에 갑니다.
   ⇒ _____

2. 부산에 갑니다.
   ⇒ _____

Hint
역　駅えき
부산　釜山プサン

学校がっこう 학교　　図書館としょかん 도서관　　デート 데이트

Pattern 075

～に来ます ~에 옵니다

지금 있는 곳에 누군가가 온다고 할 때 쓸 수 있는 패턴입니다. 출발지를 나타낼 때는 ～から来ます(~에서 옵니다)라고 하면 됩니다. 来る(오다)는 불규칙 활용을 하는 3그룹 동사이니 활용형을 만들 때 주의하세요.

- **반말**　～に来る
- **부정형**　～に来ません
- **과거형**　～に来ました
- **과거부정형**　～に来ませんでした

STEP 1 기본기 다지기

교실에 와요.	教室に 来ます。
한국에 옵니다.	韓国に 来ます。
서울에 옵니다.	ソウルに 来ます。
여기에 가요.	ここに 来ます。
대학교에 옵니다.	大学に 来ます。

STEP 2 패턴 확인 연습

1. 고향에 옵니다.
   ⇒ _____

2. 연구실에 옵니다.
   ⇒ _____

Hint
고향　ふるさと
연구실　研究室 けんきゅうしつ

教室 きょうしつ 교실　　ここ 여기, 이곳　　大学 だいがく 대학

Pattern 076

～に会います ～를 만납니다

'～를 만나다'라고 할 때 일본어에서는 만나는 대상 앞에 조사 に를 씁니다. を를 쓰지 않도록 주의하세요.

- 반말: ～に会う
- 부정형: ～に会いません
- 과거형: ～に会いました
- 과거부정형: ～に会いませんでした

STEP 1 기본기 다지기

선생님을 만나요.　　先生(せんせい)に 会(あ)います。

친구를 만나요.　　友達(ともだち)に 会(あ)います。

아버지를 만납니다.　　父(ちち)に 会(あ)います。

애인을 만납니다.　　恋人(こいびと)に 会(あ)います。

동료를 만납니다.　　同僚(どうりょう)に 会(あ)います。

STEP 2 패턴 확인 연습

1. 대학생을 만납니다.
   ⇒ _____

2. 선배를 만나요.
   ⇒ _____

Hint
대학생 大学生(だいがくせい)
선배 先輩(せんぱい)

先生(せんせい) 선생님　　父(ちち) 아버지　　恋人(こいびと) 애인　　同僚(どうりょう) 동료

Pattern 077

～に乗ります ～을 탑니다

'～을 타다'라고 할 때도 동사 앞에 조사는 に를 씁니다. ～に乗る의 형태가 되죠. 바로 앞에서 공부한 ～に会います와 마찬가지로, 조사 を를 쓰지 않도록 주의하세요.

- **반말** ～に乗る
- **부정형** ～に乗りません
- **과거형** ～に乗りました
- **과거부정형** ～に乗りませんでした

STEP 1 기본기 다지기

차를 탑니다.	車(くるま)に 乗(の)ります。
버스를 타요.	バスに 乗(の)ります。
비행기를 탑니다.	飛行機(ひこうき)に 乗(の)ります。
배를 타요.	船(ふね)に 乗(の)ります。
택시를 탑니다.	タクシーに 乗(の)ります。

STEP 2 패턴 확인 연습

1. 자전거를 탑니다.
   ⇒ _____

2. 말을 타요.
   ⇒ _____

Hint
자전거 自転車 じてんしゃ
말 馬 うま

車 くるま 차   バス 버스   飛行機 ひこうき 비행기   船 ふね 배   タクシー 택시

명사+になります ~이 됩니다

Pattern 078

'(계절이 바뀌어) 여름이 됩니다(夏なつになります)'처럼 변화를 나타낼 때 「명사+になります」를 씁니다.

- **반말** ~になる
- **부정형** ~になりません
- **과거형** ~になりました
- **과거부정형** ~になりませんでした

STEP 1 기본기 다지기

여름이 됩니다.	夏(なつ)に なります。
대학생이 돼요.	大学生(だいがくせい)に なります。
회사원이 됩니다.	会社員(かいしゃいん)に なります。
5월이 됩니다.	5月(ごがつ)に なります。
부부가 돼요.	夫婦(ふうふ)に なります。

STEP 2 패턴 확인 연습

1. 고등학생이 돼요.

   ⇒ _____

2. 가을이 됩니다.

   ⇒ _____

Hint
고등학생 高校生こうこうせい
가을 秋あき

夏なつ 여름   会社員かいしゃいん 회사원   夫婦ふうふ 부부

Pattern 079
な형용사 + になります ～해집니다, ～하게 됩니다

Pattern 078과 마찬가지로 ～になります를 붙이는 패턴이지만, 이번에는 な형용사에 접속하는 것입니다. 사물의 성질이 변하는 것을 나타낼 때 쓸 수 있죠.

- 반말　　　 ～になる
- 부정형　　 ～になりません
- 과거형　　 ～になりました
- 과거부정형 ～になりませんでした

STEP 1 기본기 다지기

조용해집니다.　　　静か(しず)に なります。

편리해집니다.　　　便利(べんり)に なります。

안전해집니다.　　　安全(あんぜん)に なります。

간단해져요.　　　　簡単(かんたん)に なります。

섹시해져요.　　　　セクシーに なります。

STEP 2 패턴 확인 연습

1. 좋아하게 됩니다.
   ⇒ _____

   Hint
   좋아하다 好(す)きだ
   복잡하다 複雑(ふくざつ)だ

2. 복잡해져요.
   ⇒ _____

静(しず)かだ 조용하다　便利(べんり)だ 편리하다　安全(あんぜん)だ 안전하다　簡単(かんたん)だ 간단하다
セクシーだ 섹시하다

Pattern 080

い형용사 + くなります ～해집니다

い형용사를 사용해 '～해집니다'라고 말할 때는, い형용사의 어미 い를 く로 바꾼 다음에 なります를 붙이면 됩니다. 바로 앞에서 공부한 「な형용사＋になります」와 헷갈리지 않도록 주의하세요.

- **반말** ～くなる
- **부정형** ～くなりません
- **과거형** ～くなりました
- **과거부정형** ～くなりませんでした

STEP 1 기본기 다지기

더워집니다. 　　暑くなります。

커집니다. 　　大きくなります。

시원해집니다. 　涼しくなります。

귀여워져요. 　　かわいくなります。

적어져요. 　　少なくなります。

STEP 2 패턴 확인 연습

1. 매워져요.
   → _____

2. 따뜻해집니다.
   → _____

Hint
맵다 辛からい
따뜻하다 温あたたかい

暑あつい 덥다　　大おおきい 크다　　涼すずしい 시원하다　　かわいい 귀엽다　　少すくない 적다

～ことにします ～하기로 합니다

Pattern 081

자신의 의지로 어떻게 하기로 결정했을 때 쓸 수 있는 패턴입니다. 앞에는 동사 기본형을 넣으면 됩니다.

- **반말** ～ことにする
- **부정형** ～ないことにします ➡ Pattern 031
- **과거형** ～ことにしました

STEP 1 기본기 다지기

자기로 해요. 　　　寝る ことに します。

쉬기로 합니다. 　　休む ことに します。

놀기로 합니다. 　　遊ぶ ことに します。

피자를 먹기로 해요. 　　ピザを 食べる ことに します。

맥주를 마시기로 합니다. 　　ビールを 飲む ことに します。

STEP 2 패턴 확인 연습

1. 책을 읽기로 합니다.
   ⇨ _____

2. 음악을 듣기로 해요.
   ⇨ _____

寝ねる 자다　休やすむ 쉬다　遊あそぶ 놀다　ビール 맥주

～ことになりました ~하게 됐습니다

Pattern 082

자신의 의지와는 상관없이 무언가를 하게 됐을 때 쓰는 패턴입니다. 앞에는 동사 기본형이 오죠. ～ことになります(~하게 됩니다)보다 ～ことになりましたㅏ는 과거형으로 쓰이는 경우가 많습니다.

반말 ～ことになった

STEP 1 기본기 다지기

일하게 됐습니다. → 働(はたら)く ことに なりました。

가게 됐어요. → 行(い)く ことに なりました。

그만두게 됐습니다. → やめる ことに なりました。

노래하게 됐어요. → 歌(うた)う ことに なりました。

이사 가게 됐습니다. → 引(ひ)っ越(こ)す ことに なりました。

STEP 2 패턴 확인 연습

1. 먹게 됐습니다.
   ⇒ _____

2. 마시게 됐어요.
   ⇒ _____

働はたらく 일하다   やめる 그만두다   歌うたう 노래하다   引ひっ越こす 이사 가다

Pattern 083

～ています ～하고 있습니다

어떤 행동을 지금 하고 있다는 것을 나타내는 패턴입니다. 현재진행 이외에도 상태의 지속이나 습관적으로 반복되는 일을 나타낼 때도 쓸 수 있습니다. 동사 て형을 만드는 방법은 Pattern 040를 참조해 주세요.

반말 ～て(い)る
과거형 ～ていました

STEP 1 기본기 다지기

커피를 마시고 있습니다.   コーヒーを 飲んで います。

영화를 보고 있어요.   映画を 見て います。

수업을 수강하고 있습니다.   授業を とって います。

꽃이 피어 있어요.   花が 咲いて います。

매주 만나고 있습니다.   毎週 会って います。

STEP 2 패턴 확인 연습

1. 자고 있어요.
   ⇒ _____

   Hint 걷다 歩あるく

2. 걷고 있습니다.
   ⇒ _____

授業じゅぎょうをとる 수업을 수강하다   花はなが咲さく 꽃이 피다   毎週まいしゅう 매주   会あう 만나다

UNIT 10
진행과 순서를 나타내는 패턴

Q 다음 말을 일본어로 할 수 있나요?

1. 아직 안 일어났습니다.
   _____ 起きて いません。

2. 뉴스를 아직 듣지 않았습니다.
   ニュースを まだ _____。

3. 걸어서 갑니다.
   _____ 行きます。

4. 먹고 잡니다.
   _____ 寝ます。

5. 샤워를 하고 나서 화장을 합니다.
   シャワーを して _____ 化粧を します。

6. 라디오를 들으면서 공부한다.
   ラジオを _____ 勉強する。

정답 1. まだ 2. 聞いて いません 3. 歩いて 4. 食べて 5. から 6. 聞きながら

まだ ~ていません
아직 ~하지 않았습니다

Pattern 084

상대방이 "~했어요?"라고 물었을 때 "아직 ~하지 않았어요"라고 대답하는 경우 이 패턴을 쓸 수 있습니다. "~했어요?"라는 질문에 과거형으로 잘못 대답하는 사람이 많은데, 일본어에서는 이제부터라도 그 사실이 변할 수 있는 것에 대해서는 まだ ~ていません으로 대답한다는 것 기억하세요.

반말 まだ ~てない

STEP 1 기본기 다지기

아직 안 일어났습니다.	まだ 起きて いません。
아직 안 죽었습니다.	まだ 死んで いません。
영화를 아직 보지 않았어요.	映画を まだ 見て いません。
뉴스를 아직 듣지 않았습니다.	ニュースを まだ 聞いて いません。
아직 졸업하지 않았어요.	まだ 卒業して いません。

STEP 2 패턴 확인 연습

1. 아직 오지 않았어요.
   ⇒ _____

   Hint
   만들다 作つくる

2. 아직 만들지 않았습니다.
   ⇒ _____

まだ 아직   起おきる 일어나다   死しぬ 죽다   映画えいがを 見みる 영화를 보다   ニュース 뉴스   聞きく 듣다   卒業そつぎょうする 졸업하다

115

Pattern 085

～て …ます ～하고 …합니다

동사를 나열해서 동작의 순서를 나타내는 패턴입니다. 한국어는 '～해서'와 '～하고'가 각각 다른 의미이지만, 일본어에서는 둘 다 ～て라고 합니다.

반말 ～て＋동사 기본형
과거형 ～て …ました

STEP 1 기본기 다지기

일어나서 세수를 합니다. 　　起きて 顔を 洗います。

걸어서 갑니다. 　　歩いて 行きます。

먹고 자요. 　　食べて 寝ます。

맥주를 마시고 취합니다. 　　ビールを 飲んで 酔っぱらいます。

노래하고 춤을 춰요. 　　歌って 踊ります。

STEP 2 패턴 확인 연습

1. 문을 열고 들어와요.
   ⇒ _____

2. 텔레비전을 보고 숙제를 합니다.
   ⇒ _____

Hint
문 ドア
열다 開ける
들어오다 入る
텔레비전 テレビ
숙제 宿題しゅくだい

顔かおを 洗あらう 세수를 하다　　歩あるく 걷다　　行いく 가다　　食たべる 먹다　　寝ねる 자다　　ビール 맥주
飲のむ 마시다　　酔よっぱらう 술에 취하다　　歌うたう 노래를 하다　　踊おどる 춤을 추다

Pattern 086

〜てから …ます ～하고 나서 …합니다

동사의 순서를 나타낸다는 점에서는 Pattern 085의 「〜て …ます」와 같지만, 그 순서를 강조하고 싶을 때는 「〜てから …ます」를 씁니다.

반말 〜てから + 동사 기본형
과거형 〜てから …ました

STEP 1 기본기 다지기

자고 나서 숙제를 합니다.
寝てから 宿題を します。

집을 사고 나서 결혼합니다.
家を 買ってから 結婚します。

커피를 마시고 나서 외출해요.
コーヒーを 飲んでから 出かけます。

샤워를 하고 나서 화장을 해요.
シャワーを してから 化粧を します。

일본에 도착하고 나서 환전해요.
日本に 着いてから 両替します。

STEP 2 패턴 확인 연습

1. 술을 다 마시고 나서 집에 갑니다.
   ⇒ _____

2. 편지를 쓰고 나서 잡니다.
   ⇒ _____

Hint
다, 전부 全部ぜんぶ
집에 가다 帰かえる
편지 手紙てがみ

家いえ 집　買かう 사다　結婚けっこんする 결혼하다　コーヒー 커피　出でかける 외출하다
シャワーをする 샤워를 하다　化粧けしょう 화장　〜に着つく 〜에 도착하다　両替りょうがえ 환전

Pattern 087

～ながら ～하면서

두 가지 동작을 동시에 할 때 쓸 수 있는 패턴입니다. 앞의 동사는 ます형으로 바꾼 다음 ます를 떼고 ながら를 붙이면 됩니다.

유사패턴 ～つつ (문어적) / ～もって (구어적)

STEP 1 기본기 다지기

텔레비전을 보면서 공부한다.	テレビを 見ながら 勉強する。
라디오를 들으면서 공부한다.	ラジオを 聞きながら 勉強する。
전화하면서 공부합니다.	電話しながら 勉強します。
걸으면서 공부해요.	歩きながら 勉強します。
자면서 공부한다.	寝ながら 勉強する。

STEP 2 패턴 확인 연습

1. 책을 읽으면서 간다.
   ⇒ _____

2. 맥주를 마시면서 쉰다.
   ⇒ _____

勉強べんきょうする 공부하다　　ラジオ 라디오　　電話でんわする 전화하다

118

UNIT 11
동사 ます형/て형 응용 패턴

Q 다음 말을 일본어로 할 수 있나요?

1. 이 펜은 쓰기 쉽다.
   この ペンは 書き_____。

2. 길이 걷기 어렵다.
   道が 歩き_____。

3. 죽어 버리다.
   死んで _____。

4. 다 마셔 버리다.
   全部 _____。

5. 생각해 본다.
   考えて _____。

6. 준비해 두다.
   準備して _____。

정답 1. やすい 2. にくい 3. しまう 4. 飲んでしまう 5. みる 6. おく

Pattern 088

～やすい ～하기 쉽다

'～하기 쉽다'라고 말할 때는 동사를 ます형으로 바꾼 다음 뒤에 やすい를 붙이면 됩니다. ～やすい는 い형용사이므로 추가 활용을 할 때는 い형용사로 활용합니다.

유사패턴 ～よい (약간 예스러운 말투)
과거형 ～やすかった

STEP 1 기본기 다지기

길은 걷기 편하다.
道は 歩きやすい。

이 펜은 쓰기 쉽다.
この ペンは 書きやすい。

앉기 편한 의자
座りやすい 椅子

사용하기 편한 컴퓨터
使いやすい パソコン

알기 쉬운 설명
わかりやすい 説明

STEP 2 패턴 확인 연습

1. 이 떡은 먹기 쉽다.
   ⇒ _____

2. 이 소설은 읽기 쉽다.
   ⇒ _____

Hint
떡 餅もち
먹다 食たべる
소설 小説しょうせつ
읽다 読よむ

道みち 길　歩あるく 걷다　ペン 펜　書かく 쓰다　座すわる 앉다　椅子いす 의자　使つかう 사용하다, 쓰다
パソコン 컴퓨터　わかる 알다　説明せつめい 설명

Pattern 089

～にくい　～하기 어렵다

'～하기 어렵다'라고 할 때는 동사를 ます형으로 바꾼 다음 にくい를 붙이면 됩니다. ～やすい(～하기 쉽다)와 마찬가지로 ～にくい도 い형용사이므로 추가 활용을 할 때는 い형용사 활용을 하죠.

유사패턴　～がたい (약간 예스러운 말투)
과거형　～にくかった

STEP 1 기본기 다지기

길이 걷기 어렵다.	道(みち)が 歩(ある)きにくい。
이 펜은 쓰기 어렵다.	この ペンは 書(か)きにくい。
앉기 어려운 의자	座(すわ)りにくい 椅子(いす)
쓰기 어려운 컴퓨터	使(つか)いにくい パソコン
알기 어려운 설명	わかりにくい 説明(せつめい)

STEP 2 패턴 확인 연습

1. 그의 이야기는 이해하기 힘들다.
   ⇒ _____

2. 너무 매워서 먹기 힘들어.
   ⇒ _____

Hint
이해하다 理解(りかい)する
너무 매워서 辛(から)すぎて

Pattern 090

～てしまう ～해 버리다

어떤 일을 '～해 버리다'라고 말할 때 쓰는 패턴입니다. 앞의 동사를 て형으로 바꾼 다음에 연결하면 되죠. 동사 て형을 만드는 방법은 Pattern 040를 참조해 주세요.

- 과거형 ～てしまった
- 회화체 ～ちゃう (부드러운 말투) / ～ちまう (약간 거친 말투)
  → [과거형] ～ちゃった (부드러운 말투) / ～ちまった (약간 거친 말투)

STEP 1 기본기 다지기

다 마셔 버리다.　　　　　全部 飲んで しまう。

벌써 먹어 버리다.　　　　もう 食べて しまう。

오늘 중으로 읽어 버리다.　今日中に 読んで しまう。

죽어 버렸다.　　　　　　死んで しまった。

멀리 가 버렸다.　　　　　遠くに 行っちゃった。

STEP 2 패턴 확인 연습

1. 들어 버리다.
   ⇒ _____

   Hint
   듣다 聞く

2. 다 써 버렸다.
   ⇒ _____

全部ぜんぶ 전부　　飲のむ 마시다　　もう 벌써, 이미　　今日中きょうじゅう 오늘 중　　死しぬ 죽다　　遠とおく 멀리
行いく 가다

Pattern 091

～てみる ~해 보다

어떤 일을 시도해 본다고 말할 때 쓸 수 있는 패턴입니다. 앞의 동사를 て형으로 바꾼 다음에 연결합니다.

과거형 ～てみた
유사패턴 ～てごらん (부드러운 명령)

STEP 1 기본기 다지기

생각해 본다. → 考えて みる。

공부해 본다. → 勉強して みる。

만나 본다. → 会って みる。

먹어 봤다. → 食べて みた。

가 봤다. → 行って みた。

STEP 2 패턴 확인 연습

1. 논문을 써 본다.
   ⇒ _____

   Hint
   논문 論文 ろんぶん

2. 의자에 앉아 봤다.
   ⇒ _____

考かんがえる 생각하다   勉強べんきょうする 공부하다   会あう 만나다

123

Pattern 092

~ておく ~해 두다

어떤 일을 미리 준비해 둔다고 말할 때 쓸 수 있는 패턴입니다. 앞의 동사를 て형으로 바꾼 다음에 연결합니다.

과거형 ~ておいた

STEP 1 기본기 다지기

요리를 만들어 두다.	料理を 作って おく。
준비해 두다.	準備して おく。
생각해 두다.	考えて おく。
지금 자 두다.	今のうちに 寝て おく。
미리 생각해 두었다.	あらかじめ 考えて おいた。

STEP 2 패턴 확인 연습

1. 고쳐 두다.
   → _____

2. 말해 두었다.
   → _____

Hint
고치다 直なおす
말하다 話はなす

料理りょうり 요리　作つくる 만들다　準備じゅんびする 준비하다　今いまのうちに 지금, 늦기 전에　寝ねる 자다
あらかじめ 미리

UNIT 12
필수 부사 활용 패턴

Q 다음 말을 일본어로 할 수 있나요?

1. 공부하기 위해
   勉強する＿＿＿＿＿

2. 선생님 덕분에
   先生の＿＿＿＿＿

3. 지금 갈테니까 기다려 주세요.
   今 ＿＿＿＿＿ 待って ください。

4. 돈이 없는데 샀습니다.
   お金が ＿＿＿＿＿ 買いました。

5. 뜨거울 때 마십니다.
   熱い ＿＿＿＿＿ 飲みます。

6. 금요일까지
   金曜日＿＿＿＿＿

정답 1. ために 2. おかげで 3.行くから 4. ないのに 5. うちに 6. までに

～(の)ために ～하기 위해, ～을 위해

Pattern 093

행동의 목적을 나타내는 패턴으로, ために 앞에 오는 동사는 기본형으로 씁니다. ために 앞에 명사를 쓰면 ～のために의 형태가 되는데, 이때는 '～을 위해'라는 뜻이 됩니다.

접속 동사 기본형+ために
명사+のために

STEP 1 기본기 다지기

먹기 위해	食(た)べる ために
공부하기 위해	勉強(べんきょう)する ために
놀기 위해	遊(あそ)ぶ ために
지키기 위해	守(まも)る ために
당신을 위해	あなたの ために
정의를 위해	正義(せいぎ)の ために

STEP 2 패턴 확인 연습

1. 보기 위해
   ⇒ _____

2. 들어가기 위해
   ⇒ _____

Hint
들어가다 入(はい)る

食(た)べる 먹다   勉強(べんきょう)する 공부하다   遊(あそ)ぶ 놀다   守(まも)る 지키다   正義(せいぎ) 정의

Pattern 094

〜(の)おかげで 〜(한) 덕분에

무엇인가가 원인이 되어 좋은 일이 생겼을 때 그 원인이 된 것에 감사하는 마음을 표현할 때 씁니다. 명사 뒤에 のおかげで만 붙이면 되죠. 앞에 동사가 오는 경우엔 그 동사를 た형으로 바꾼 다음 おかげで를 붙입니다. 뜻은 '〜한 덕분에'가 되죠.

접속 명사+のおかげで
동사 た형+おかげで (〜한 덕분에)

대조표현 〜(の)せいで (〜 탓에)

STEP 1 기본기 다지기

선생님 덕분에 → 先生の おかげで

나라 덕분에 → 国の おかげで

김 씨 덕분에 → キムさんの おかげで

공부한 덕에 → 勉強した おかげで

조심한 덕에 → 気を つけた おかげで

STEP 2 패턴 확인 연습

1. 어머니 덕분에
   ⇒ _____

2. 장학금 덕분에
   ⇒ _____

Hint
어머니 母はは
장학금 奨学金しょうがくきん

先生せんせい 선생님   国くに 나라   気きをつける 조심하다

Pattern 095

～から ～이니까, ～해서

이유를 나타낼 때는 문장 뒤에 から를 붙이면 됩니다. 이유를 나타내는 또 하나의 표현으로 ～ので가 있는데 이것은 좀 더 정중한 느낌이 나는 표현입니다.

유사패턴 ～ので

STEP 1 기본기 다지기

일요일이니까 쉽니다.
日曜日だから 休みます。

재미있으니까 좋아합니다.
おもしろいから 好きです。

편리해서 샀습니다.
便利だから 買いました。

지금 갈테니까 기다려 주세요.
今 行くから 待って ください。

먹었으니까 배가 불러요.
食べたから 満腹です。

STEP 2 패턴 확인 연습

1. 돈이 없어서 안 돼요.
   ⇒ _____

2. 술을 마셨으니까 머리가 아픕니다.
   ⇒ _____

Hint
돈 お金かね
없다 ない
안 되다 だめだ
술 お酒さけ
머리 頭あたま
아프다 痛いたい

日曜日にちようび 일요일   休やすむ 쉬다   おもしろい 재미있다   好すきだ 좋아하다   便利べんりだ 편리하다
買かう 사다   今いま 지금   行いく 가다   待まつ 기다리다   満腹まんぷくだ 배가 부르다

128

Pattern 096

〜のに 〜인데

어떤 일이 상식적으로 기대되는 것과 다른 결과가 됐을 때 쓸 수 있습니다.

유사패턴 〜けど

STEP 1 기본기 다지기

맛있는데 먹지 않습니다.
おいしいのに 食べません。

추운데 나갑니다.
寒いのに 出かけます。

내일 귀국하는데 준비가 아직 안 됐어요.
明日 帰国するのに 準備が まだです。

푹 잤는데 아직 졸려요.
たっぷり 寝たのに まだ 眠いです。

돈이 없는데 샀습니다.
お金が ないのに 買いました。

STEP 2 패턴 확인 연습

1. 공부했는데 모르겠어요.
   ⇒ _____

2. 미국에 안 가는데 여권을 만들었어요.
   ⇒ _____

Hint
알다 分かる
미국 アメリカ
여권 パスポート
만들다 作る

おいしい 맛있다　寒さむい 춥다　出でかける 나가다, 외출하다　明日あした 내일　帰国きこくする 귀국하다
準備じゅんび 준비　まだ 아직　たっぷり 푹　寝ねる 자다　眠ねむい 졸리다

Pattern 097

～(の)うちに ～할 때, ～하는 사이에

어떤 상태가 A에서 B로 옮겨갈 때, A인 지금 어떤 일을 해치우자는 느낌으로 이 패턴을 씁니다. '～할 때', '～하는 사이에'라는 뜻이죠. 앞에 명사가 올 때는 ～のうちに의 형태가 됩니다.

STEP 1 기본기 다지기

뜨거울 **때** 마십니다.	**熱**い **うちに 飲**みます。
돈이 있을 **때** 결혼합니다.	お**金**が ある **うちに 結婚**します。
그가 자는 **사이에** 나갑니다.	**彼**が **寝**ている **うちに 出**かけます。
안전할 **때** 길을 건너요.	**安全**な **うちに 道**を **渡**ります。
4월 **중에** 원고를 써요.	**4月の うちに 原稿**を **書**きます。

STEP 2 패턴 확인 연습

1. 시간이 있을 때
   → _____

2. 따뜻할 때
   → _____

Hint
시간 時間じかん
따뜻하다 温あたたかい

熱あつい 뜨겁다　結婚けっこんする 결혼하다　安全あんぜんだ 안전하다　道みち 길　渡わたる 건너다
4月しがつ 4월　原稿げんこう 원고　書かく 쓰다

130

~までに ~까지

Pattern 098

제한 시간을 두고 그 시간 전에 해야 함을 강조할 때 씁니다. 앞에는 명사가 올 수도 있고, 동사가 올 수도 있습니다.

STEP 1 기본기 다지기

금요일까지 　　　金曜日までに
　　　　　　　　きんようび

5시까지 　　　　　5時までに
　　　　　　　　ごじ

졸업까지 　　　　　卒業までに
　　　　　　　　そつぎょう

봄이 오기 전까지 　春が 来るまでに
　　　　　　　　はる　く

결혼하기 전까지 　結婚するまでに
　　　　　　　　けっこん

STEP 2 패턴 확인 연습

1. 목요일까지
   ⇒ _____

2. 정오까지
   ⇒ _____

Hint
목요일 木曜日もくようび
정오 正午しょうご

金曜日きんようび 금요일　　卒業そつぎょう 졸업　　春はる 봄

PART 4

기본 회화 필수 패턴

UNIT
13 - 21
pattern 200+

UNIT 13
의외로 쉬운 부탁하기

Q 다음 말을 일본어로 할 수 있나요?

1. 커피 주세요.
   コーヒー _____。

2. 귤 두 개 주세요.
   みかん _____ ください。

3. 가르쳐 주세요.
   教(おし)えて _____。

4. 보지 마세요.
   _____ ください。

5. 계산 부탁합니다.
   お勘定(かんじょう) _____。

6. 이거 줘.
   これ _____。

정답 1. ください 2. 二つ 3. ください 4. 見ないで 5. お願(ねが)いします 6. ちょうだい

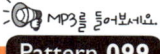

～ください ～ 주세요

Pattern 099

식당이나 상점에서 자신이 원하는 것을 얻기 위해 꼭 필요한 패턴입니다. ください 앞에 원하는 것의 이름을 넣기만 하면 되는데, 그 사이에 조사 를를 넣어 ～をください(～을 주세요)라고 할 수도 있습니다.

반말	～くれ (남성)
	～ちょうだい (여성) → Pattern 104
존댓말	～くださいませんか (보다 정중한 표현)

STEP 1 기본기 다지기

커피 주세요.	コーヒー ください。
우동 주세요.	うどん ください。
이거 주세요.	これ ください。
모자 주세요.	帽子（ぼうし） ください。
거스름돈 주세요.	おつり ください。

확장 패턴 연습

맥주 줘.	ビール くれ。
맥주 줘.	ビール ちょうだい。
맥주 주시겠습니까?	ビール くださいませんか。

コーヒー 커피　うどん 우동　これ 이것　帽子(ぼうし) 모자　おつり 거스름돈　ビール 맥주

STEP 2 리얼 회화 연습

A いらっしゃいませ。

B りんご ください。

A ３００円です。
　　さんびゃくえん

B じゃ、二つ ください。
　　　　ふた

A 어서 오세요.
B 사과 주세요.
A 300엔입니다.
B 그럼, 두 개 주세요.

요건덤 +
～ください 대신 ～お願いします(~ 부탁합니다)라는 표현을 쓸 수도 있습니다.

STEP 3 도전 실전 회화

1. 콜라 주세요.
   ⇨ _____

2. 봉투 주세요.
   ⇨ _____

3. 바나나 주세요.
   ⇨ _____

Hint
콜라 コーラ
봉투 袋 ふくろ
바나나 バナナ

いらっしゃいませ 어서 오세요　　りんご 사과　　じゃ 그럼, 그러면

Pattern 100

수량+ください ~개 주세요

Pattern 099의 보충 표현입니다. ください 앞에 개수를 나타내는 말을 넣어 원하는 수량을 말할 수 있습니다.

반말 수량+くれ (남성)
수량+ちょうだい (여성) ➡ Pattern 104

존댓말 수량+くださいませんか (보다 정중한 표현)

STEP 1 기본기 다지기

멜론 한 개 주세요.	メロン 一(ひと)つ ください。
귤 두 개 주세요.	みかん 二(ふた)つ ください。
커피 세 개 주세요.	コーヒー 三(みっ)つ ください。
붕어빵 네 개 주세요.	たい焼(や)き 四(よっ)つ ください。
단추 다섯 개 주세요.	ボタン 五(いつ)つ ください。

확장 패턴 연습

사과 여섯 개 줘.	りんご 六(むっ)つ くれ。
사과 일곱 개 줘.	りんご 七(なな)つ ちょうだい。
사과 여덟 개 주시겠습니까?	りんご 八(やっ)つ くださいませんか。

メロン 멜론   みかん 귤   たい焼き 붕어빵   ボタン 단추

STEP 2 리얼 회화 연습

A　りんご ください。

B　いくつ さしあげましょうか。

A　三(みっ)つ ください。

B　どうぞ。

A　사과 주세요.
B　몇 개 드릴까요?
A　세 개 주세요.
B　여기 있습니다.

요건덤

1개　ひとつ
2개　ふたつ
3개　みっつ
4개　よっつ
5개　いつつ
6개　むっつ
7개　ななつ
8개　やっつ
9개　ここのつ

이보다 많은 수량은 한자어 숫자에 ~個こ를 붙이면 됩니다.

STEP 3 도전 실전 회화

1. 한 개 주세요.

   ⇨ _____

2. 두 개 주세요.

   ⇨ _____

3. 세 개 주세요.

   ⇨ _____

いくつ 몇 개　さしあげる 드리다　~ましょうか ~할까요?

Pattern 101

～てください ~해 주세요

상대방이 어떤 동작을 해 주길 원할 때 쓰는 패턴입니다. 앞의 동사는 て형으로 바꾼 다음 연결합니다.

반말 ～てくれ (남성)
　　　 ～て (여성)

STEP 1 기본기 다지기

| 먹어 주세요.(드세요) | 食^たべて ください。 |

먹어 주세요.(드세요) 　　食べて ください。

가 주세요. 　　行って ください。

써 주세요. 　　書いて ください。

가르쳐 주세요. 　　教えて ください。

이야기해 주세요. 　　話して ください。

보여 주세요. 　　見せて ください。

확장 패턴 연습

사 줘. 　　買って くれ。

사 줘. 　　買って。

教おしえる 가르치다　　話はなす 이야기하다　　見みせる 보이다

STEP 2 리얼 회화 연습

A キムさんの 電話番号(でんわばんごう) 知(し)って ますか。
B ええ、知(し)って ますよ。
A ちょっと 教(おし)えて ください。
B え？ それは ちょっと…。

A 김 씨의 전화번호 아세요?
B 네, 알아요.
A 좀 가르쳐 주세요.
B 네? 그건 좀…….

요건 덤 ➕
어미에 よ를 붙이면 상대방이 모를 것 같은 정보를 강조해서 가르쳐주는 느낌이 됩니다.
e.g. それは うそですよ。
　　그건 거짓말이에요.

STEP 3 도전 실전 회화

1. 읽어 주세요.
   ⇒ _____

2. 기다려 주세요.
   ⇒ _____

3. 앉아 주세요.
   ⇒ _____

Hint
읽다 読(よ)む
기다리다 待(ま)つ
앉다 座(すわ)る

電話番号(でんわばんごう) 전화번호　　知(し)る 알다　　ちょっと 좀, 조금

Pattern 102

～ないでください ～하지 마세요

상대방이 어떤 행위를 하는 것을 말리고 싶을 때 쓸 수 있는 패턴입니다. 동사를 ない형으로 바꾼 다음 연결합니다. 동사 ない형을 만드는 방법은 Pattern 031를 참조해 주세요.

반말 ～ないでくれ (남성)
　　　～ないで (여성)

STEP 1 기본기 다지기

보지 마세요. 　　　　　見ないで ください。

오지 마세요. 　　　　　来ないで ください。

만지지 마세요. 　　　　触らないで ください。

마시지 마세요. 　　　　飲まないで ください。

사진을 찍지 마세요. 　　写真を 撮らないで ください。

보여 주지 마세요. 　　　見せないで ください。

확장 패턴 연습

가지 마! 　　　　　　　行かないで くれ。

가지 마! 　　　　　　　行かないで。

触さわる 만지다 　写真しゃしんを 撮とる 사진을 찍다

STEP 2 리얼 회화 연습

A あの、ここでは 飲み物を 飲まないで ください。

B え、だめなんですか。
すみませんでした。

A 저기, 여기서는 음료를 마시지 마세요.
B 어, 안 되는 거예요?
죄송합니다.

요건덤
어미에 ね를 붙이면 상대방과 공감을 하고 싶다는 어감이 됩니다.
e.g. 今日は 寒いですね。
오늘은 춥네요.

STEP 3 도전 실전 회화

1. 밀지 마세요.
   ⇒ _____

2. 뛰지 마세요.
   ⇒ _____

3. 듣지 마세요.
   ⇒ _____

Hint
밀다 押おす
뛰다 走はしる

飲のみ物もの 음료   だめだ 안 되다   すみません 죄송합니다

Pattern 103

～お願いします ～ 부탁합니다

お願いは '부탁', しますは '합니다'라는 뜻으로, 둘을 합쳐서 '부탁합니다'라는 뜻이 됩니다. ~ください(Pattern 099)처럼 자신이 원하는 사물 뒤에 붙여서 쓸 수 있습니다.

반말   ～お願い
유사패턴   ～頼たのみます

STEP 1 기본기 다지기

맥주 부탁합니다.	ビール お願ねがいします。
계산 부탁합니다.	お勘定かんじょう お願ねがいします。
차 부탁합니다.	お茶ちゃ お願ねがいします。
확인 부탁해요.	確認かくにん お願ねがいします。
사인 부탁해요.	サイン お願ねがいします。
협조 부탁합니다.	ご協力きょうりょく お願ねがいします。

확장 패턴 연습

메시지 부탁해.	メッセージ お願ねがい。
메시지 부탁합니다.	メッセージ 頼たのみます。

お勘定かんじょう 계산   お茶ちゃ 차   確認かくにん 확인   サイン 싸인   協力きょうりょく 협조
メッセージ 메시지

STEP 2 리얼 회화 연습

A すみません、お水 お願いします。

B かしこまりました。

A あと 灰皿も お願いします。

B お待ちください。

A 저기요 물 좀 부탁해요.
B 네, 알겠습니다.
A 그리고 재떨이도 주세요.
B 기다려 주십시오.

> **요건 덤**
> 음식점에서 주문할 때는 간단하게 「메뉴명 + お願いします」라고 하면 충분합니다. 참고로 よろしくお願いします(잘 부탁합니다)는 자기소개를 마무리할 때 늘 쓰이는 표현입니다.

STEP 3 도전 실전 회화

1. 리필 부탁합니다.

   ⇒ _____

2. 영수증 부탁합니다.

   ⇒ _____

3. 계산 부탁합니다.

   ⇒ _____

> **Hint**
> 리필 おかわり
> 영수증 レシート

お水みず 물   かしこまりました 알겠습니다   あと 그리고   灰皿はいざら 재떨이

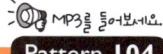

Pattern 104

～ちょうだい ~줘

Pattern 099의 ～ください와 비슷한 표현입니다. 다만 이 패턴은 사이가 좋거나, 자신보다 지위가 낮은 사람에게만 쓸 수 있다는 점을 주의하세요.

유사패턴 ～くれ (남성적인 말투)

STEP 1 기본기 다지기

돈 줘.	お金(かね) ちょうだい。
맥주 줘.	ビール ちょうだい。
나무젓가락 줘.	わりばし ちょうだい。
리모컨 줘.	リモコン ちょうだい。
용돈 줘.	お小遣(こづか)い ちょうだい。
시간 줘.	時間(じかん) ちょうだい。

확장 패턴 연습

맥주 줘.	ビール くれ。

わりばし 나무젓가락   リモコン 리모컨   お小遣(こづか)い 용돈   時間(じかん) 시간

STEP 2 리얼 회화 연습

A お呼びでしょうか。

B コーヒー ちょうだい。

A かしこまりました。

B 早く してね。

A 부르셨습니까?
B 커피 좀 줘.
A 알겠습니다.
B 빨리 해 줘.

요건 덤
~てちょうだい라고 하면
~てください의 반말체가 돼요.
e.g. 考えてちょうだい。
  생각 좀 해 줘.
  考えてください。
  생각 좀 해 주세요.

STEP 3 도전 실전 회화

1. 신문 줘.
   ⇒ _____

2. 담배 줘.
   ⇒ _____

3. 콜라 줘.
   ⇒ _____

Hint
신문 新聞しんぶん
담배 たばこ

呼よぶ 부르다   早はやく 빨리

UNIT 14
희망 표현하기

Q 다음 말을 일본어로 할 수 있나요?

1. 돈을 갖고 싶다.
   お 金(かね)が _____。

2. 여자친구를 갖고 싶어.
   彼女(かのじょ) _____ ほしい。

3. 돌아가 줬으면 해.
   _____ ほしい。

4. 술을 마시고 싶어요.
   お酒(さけ)を _____。

5. 미국에 가고 싶습니다.
   アメリカへ _____。

6. 생각하게 해 주세요.
   _____ ください。

정답 1. ほしい 2. が 3. 帰って 4. 飲みたいです 5. 行きたいです 6. 考えさせて

Pattern 105

～がほしい ~을 갖고 싶어

뭔가를 갖고 싶다고 말할 때 쓰는 패턴입니다. 여기서 조심해야 할 것은 ほしい 앞에는 조사가 を가 아니라 が를 쓴다는 것입니다. ほしい는 い형용사의 일종으로 활용법도 い형용사와 같습니다.

- 존댓말 　～がほしいです
- 부정형 　～がほしくない
- 과거형 　～がほしかった
- 과거부정형 　～がほしくなかった

STEP 1 기본기 다지기

돈을 갖고 싶다.	お金が ほしい。
시간을 갖고 싶다.	時間が ほしい。
일을 갖고 싶어.	仕事が ほしい。
여자친구를 갖고 싶어.	彼女が ほしい。
자유를 갖고 싶어.	自由が ほしい。

확장 패턴 연습

돈을 갖고 싶어요.	お金が ほしいです。
돈을 갖고 싶지 않아.	お金が ほしくない。
돈을 갖고 싶었어.	お金が ほしかった。
돈을 갖고 싶지 않았어.	お金が ほしくなかった。

お金かね 돈　時間じかん 시간　仕事しごと 일　彼女かのじょ 여자친구　自由じゆう 자유

STEP 2 리얼 회화 연습

A 今(いま) 何(なに)が ほしいですか。

B 自由(じゆう)な 時間(じかん)が ほしいです。

A 私(わたし)もです。
　 最近(さいきん) 忙(いそが)しくて。

A 지금 무엇을 가장 갖고 싶습니까?
B 자유로운 시간을 갖고 싶어요.
A 저도 그래요.
　 최근에 바빠서.

STEP 3 도전 실전 회화

1. 집을 갖고 싶다.

   ⇒ _____

2. 컴퓨터를 갖고 싶어.

   ⇒ _____

3. 명예를 갖고 싶습니다.

   ⇒ _____

Hint
집 家(いえ)
컴퓨터 コンピューター
명예 名誉(めいよ)

最近(さいきん) 최근, 요즘　　忙(いそが)しい 바쁘다

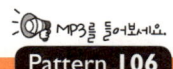

～てほしい　~해 줬으면 해

Pattern 106

상대방이 어떤 행동을 해 주기를 원한다고 말할 때 쓰는 패턴입니다.

- 존댓말　～てほしいです
- 부정형　～てほしくない
- 과거형　～てほしかった
- 과거부정형　～てほしくなかった

STEP 1 기본기 다지기

먹어 줬으면 해.	食べて ほしい。
봐 줬으면 한다.	見て ほしい。
털어놔 줬으면 해.	打ち明けて ほしい。
돌아가 줬으면 해.	帰って ほしい。
잘라 줬으면 해.	切って ほしい。

확장 패턴 연습

생각해 줬으면 합니다.	考えて ほしいです。
생각하지 않았으면 해.	考えて ほしくない。
생각해 줬으면 했어.	考えて ほしかった。
생각하지 않았으면 했어.	考えて ほしくなかった。

打(う)ち明(あ)ける 털어놓다, 고백하다　　帰(かえ)る 돌아가다　　切(き)る 자르다　　考(かんが)える 생각하다

STEP 2 리얼 회화 연습

A お父さんに 望む ことは 何ですか。
B お酒を やめて ほしいです。
A なるほど。
B 本当に 飲んべえなので。

A 아버님께 바라시는 것은 무엇입니까?
B 술을 그만 좀 마셨으면 합니다.
A 그렇군요.
B 진짜 술고래라서요.

요건 덤

동사 やめる에는 '습관을 끊다'라는 뜻 이외에 '하던 일을 중단하다'라는 뜻도 있습니다.
e.g. 勉強をやめる
공부를 중단하다

STEP 3 도전 실전 회화

1. 봐 줬으면 한다.
   ⇒ _____

2. 기다려 줬으면 해.
   ⇒ _____

3. 마셨으면 해.
   ⇒ _____

Hint
기다리다 待つ

望のぞむ 바라다   お酒さけをやめる 술을 끊다   なるほど 과연   本当ほんとうに 정말로, 참으로
飲のんべえ 술고래

151

~たいです ~하고 싶어요

Pattern 107

자신이 어떤 동작을 하고 싶을 때 ~たいです라고 말할 수도 있습니다. 앞의 동사는 ます형으로 바꾼 다음 연결합니다. たい는 い형용사이므로 활용은 い형용사와 같이 합니다.

- 반말: ~たい
- 부정형: ~たくないです
- 과거형: ~たかったです
- 과거부정형: ~たくなかったです

STEP 1 기본기 다지기

술을 마시고 싶어요. 　　お酒を 飲みたいです。

친구를 만나고 싶어요. 　　友達に 会いたいです。

생선을 먹고 싶어요. 　　魚を 食べたいです。

미국에 가고 싶습니다. 　　アメリカへ 行きたいです。

에세이를 읽고 싶습니다. 　　エッセイを 読みたいです。

확장 패턴 연습

자고 싶어. 　　寝たい。

자기 싫어요. 　　寝たくないです。

자고 싶었어요. 　　寝たかったです。

자기 싫었어요. 　　寝たくなかったです。

魚 さかな 생선　　エッセイ 에세이, 수필

STEP 2 리얼 회화 연습

A 今 何が 一番 したいですか。
B テレビが 見たいです。
A 家に テレビが ないんですか。

A 지금 무엇을 가장 하고 싶습니까?
B 텔레비전을 보고 싶어요.
A 집에 텔레비전이 없어요?

요건덤
조사 を를 목적어로 가지는 경우에 한해서 が로 바꿀 수 있습니다.
e.g. りんごを 食べたい
りんごが 食べたい

STEP 3 도전 실전 회화

1. 음악을 듣고 싶어요.
   ⇨ _____

2. 놀고 싶어요.
   ⇨ _____

3. 가고 싶어요.
   ⇨ _____

Hint
음악 音楽 おんがく
놀다 遊 あそぶ

一番 いちばん 가장   家 うち 집

~(さ)せてください ~하게 해 주세요

Pattern 108

자기가 하려고 하는 행동에 대해 허락을 구할 때 쓰는 표현입니다. 동사를 사역형으로 바꾼 다음에 ~(さ)せてください를 붙입니다. 동사 사역형을 만드는 방법은 다음 페이지의 요건 덤을 참조해 주세요.

반말 ~(さ)せてくれ (남성) / ~(さ)せてちょうだい (여성)
유사패턴 ~(さ)せてほしいです / ~(さ)せてもらえませんか

STEP 1 기본기 다지기

생각하게 해 주세요.	考えさせて ください。
마시게 해 주세요.	飲ませて ください。
먹게 해 주세요.	食べさせて ください。
가게 해 주세요.	行かせて ください。
앉게 해 주세요.	座らせて ください。

확장 패턴 연습

쉬게 해 줘.	休ませて くれ。
쉬게 해 줘.	休ませて ちょうだい。
쉬게 해 줬으면 해요.	休ませて ほしいです。
쉬게 해 주시면 안 될까요?	休ませて もらえませんか。

座すわる 앉다　休やすむ 쉬다

STEP 2 리얼 회화 연습

A 誰が 行って くれますか。

B 私に 行かせて ください。

A お願いしても いいですか。

B もちろんです。

A 누가 가 주실래요?
B 제가 가게 해 주세요.
A 부탁해도 될까요?
B 물론입니다.

요건 덤 ➕ 동사 사역형 만드는 방법

1그룹 동사	어미를 a 모음으로 바꾸고 + せる	飲む → 飲ませる
2그룹 동사	어미 る를 빼고 + させる	考える → 考えさせる
3그룹 동사		させる / 来こさせる

STEP 3 도전 실전 회화

1. 일하게 해 주세요.

   ⇨ _____

   Hint
   일하다 働はたらく

2. 만나게 해 주세요.

   ⇨ _____

~てくれる ~해 주다   ~てもいいですか ~해도 됩니까?   もちろん 물론

UNIT 15
권유, 제안하기

Q 다음 말을 일본어로 할 수 있나요?

1. 같이 갑시다.
   いっしょ
   一緒に _____。

2. 슬슬 돌아갈까요?
   そろそろ _____。

3. 같이 영화 보지 않을래요?
   いっしょ   えい が
   一緒に 映画を _____。

4. 먹는 것이 좋습니다.
   た
   食べた _____。

5. 가지 않는 것이 좋습니다.
   _____ ほうが いいです。

6. 좀 쉬는 게 어때요?
   ちょっと _____ どうですか。

정답 1. 行きましょう 2. 帰りましょうか 3. 見ませんか 4. ほうが いいです 5. 行かない
6. 休んだら

Pattern 109

〜ましょう ～합시다

상대방에게 어떤 행동을 권유할 때 쓸 수 있는 패턴입니다. 동사를 ます형으로 바꾼 다음에 연결합니다.

반말 〜(よ)う

STEP 1 기본기 다지기

같이 갑시다.	一緒（いっしょ）に 行（い）きましょう。
더 마십시다.	もっと 飲（の）みましょう。
슬슬 돌아갑시다.	そろそろ 帰（かえ）りましょう。
또 만납시다.	また 会（あ）いましょう。
공부합시다.	勉強（べんきょう）しましょう。
나갑시다.	出（で）ましょう。

확장 패턴 연습

| 마시자. | 飲（の）もう。 |
| 먹자. | 食（た）べよう。 |

요건 덤 ➕ 동사 (よ)う형 만드는 방법

1그룹 동사	어미를 o 모음으로 바꾸고 + う	飲む → 飲もう
2그룹 동사	어미 る를 빼고 + よう	考える → 考えよう
3그룹 동사		しよう / 来こよう

一緒いっしょに 같이, 함께　　もっと 더　　そろそろ 슬슬　　また 또, 다시　　出でる 나가다

157

STEP 2 리얼 회화 연습

A 今 何時ですか。
　　いま なんじ

B 7時です。
　　しちじ

A そろそろ 出発しましょう。
　　　　　　しゅっぱつ

B そうですね。

A 지금 몇 시예요?
B 7시예요.
A 슬슬 출발합시다.
B 그럴까요?

STEP 3 도전 실전 회화

1. 책을 읽읍시다.

    ⇒ _____

2. 작품을 만듭시다.

    ⇒ _____

3. 영화를 봅시다.

    ⇒ _____

Hint
책 本ほん
작품 作品さくひん
만들다 作つくる

出発しゅっぱつする 출발하다

～ましょうか ～할까요?

～ましょう와 마찬가지로 상대방에게 어떤 행동을 권유하는 패턴입니다. 대화하는 사람들 사이에 그 행동을 해도 될 것 같은 분위기가 형성되어 있을 때 쓸 수 있죠.

반말 ～ようか
　　　 ～よっか (보다 가벼운 말투)

STEP 1 기본기 다지기

제가 갈**까요**?	私が 行き**ましょうか**。
슬슬 돌아갈**까요**?	そろそろ 帰り**ましょうか**。
텔레비전이라도 볼**까요**?	テレビでも 見**ましょうか**。
이 가게에 들어갈**까요**?	この 店に 入り**ましょうか**。
잠깐 쉴**까요**?	ちょっと 休み**ましょうか**。
그만둘**까요**?	やめ**ましょうか**。

확장 패턴 연습

먹을**까**?	食べ**ようか**。
먹을**까**?	食べ**よっか**。

～でも ～(이)라도　店みせ 가게　入はいる 들어가다　ちょっと 잠깐, 잠시　やめる 그만두다

STEP 2 리얼 회화 연습

A　もう こんな 時間(じかん)ですね。
B　そろそろ 出(で)ましょうか。
A　そうですね。出(で)ましょう。
B　今日(きょう)は 楽(たの)しかったです。

A　벌써 시간이 이렇게 됐네요.
B　슬슬 나갈까요?
A　그러네요. 나갑시다.
B　오늘은 즐거웠습니다.

STEP 3 도전 실전 회화

1. 마실까요?
   ⇒ _____

   Hint
   치우다 片付(かたづ)ける

2. 치울까요?
   ⇒ _____

3. 그만할까요?
   ⇒ _____

もう 벌써　楽(たの)しい 즐겁다

Pattern 111

〜ませんか ~하지 않을래요?

상대방과 뭔가 같이 하고 싶을 때 권유하는 패턴입니다. Pattern 110의 〜ましょうか와 달리 그 행동을 할 분위기가 안 되어 있어도 쓸 수 있습니다.

유사패턴 〜ません？(보다 가벼운 표현)
반말 〜ない？

STEP 1 기본기 다지기

맥주라도 마시지 않을래요?	ビールでも 飲みませんか。
같이 영화를 보지 않을래요?	一緒に 映画を 見ませんか。
같이 살지 않을래요?	一緒に 住みませんか。
여기서 나가지 않을래요?	ここから 出ませんか。
도전해 보지 않을래요?	チャレンジして みませんか。
(집에) 가지 않을래요?	帰りませんか。

확장 패턴 연습

| 안 먹을래요? | 食べません？ |
| 먹지 않을래? | 食べない？ |

住すむ 살다   チャレンジする 도전하다   〜てみる ~해 보다

STEP 2 리얼 회화 연습

A 明日 遊園地に 行きませんか。
　　あした　ゆうえんち　い

B いいですね。行きましょう。
　　　　　　　　い

A 何時に 会いますか。
　　なんじ　あ

A 내일 놀이공원에 가지 않을래요?
B 좋아요. 갑시다.
A 몇 시에 만날까요?

요건 덤
상대방의 제안을 거절할 때는 いいえ나 ～ません과 같은 부정적인 표현을 써서 직접적으로 대답하기보다, すみません、ちょっと(죄송해요, 좀……)와 같이 돌려 말하는 것이 좋습니다.

STEP 3 도전 실전 회화

1. 강아지를 키우지 않을래요?
   ⇒ _____

2. 문을 열지 않을래요?
   ⇒ _____

3. 공부하지 않을래요?
   ⇒ _____

Hint
강아지 子犬こいぬ
키우다 飼かう
문 ドア
열다 開あける

遊園地ゆうえんち 놀이공원, 유원지

~た方がいいです ~하는 게 좋아요

Pattern 112

여러 선택지 중 하나를 고르거나 상대방에게 조언을 할 때 쓸 수 있는 패턴입니다. ほうがいいです 앞에는 동사 기본형이 아니라 た형을 쓴다는 것도 기억하세요. 동사 た형을 만드는 방법은 Pattern 032를 참조해 주세요.

- **접속** 동사 た형+方がいいです
  명사+の方がいいです
- **반말** ~た方がいい

STEP 1 기본기 다지기

먹는 것이 좋습니다.	食べた 方が いいです。
읽는 게 좋아요.	読んだ 方が いいです。
공부하는 게 좋습니다.	勉強した 方が いいです。
돌아가는 것이 좋아요.	帰った 方が いいです。
기다리는 게 좋아요.	待った 方が いいです。
다시 생각하는 게 좋아요.	考え直した 方が いいです。

확장 패턴 연습

| 마시는 게 좋아. | 飲んだ 方が いい。 |
| 와인 쪽이 좋습니다. | ワインの 方が いいです。 |

考かんがえ直なおす 다시 생각하다, 재검토하다   ワイン 와인

STEP 2 리얼 회화 연습

A りゅうがく の じゅんび は じゅんちょう ですか。
留学の 準備は 順調ですか。

B なかなか たいへん です。
なかなか 大変です。

A ほん を たくさん よんだ ほう が いいですよ。
本を たくさん 読んだ 方が いいですよ。

B そんな じかん ありません。
そんな 時間 ありません。

A 유학 준비는 잘 돼 가세요?
B 꽤 힘드네요.
A 책을 많이 읽는 게 좋아요.
B 그럴 시간 없어요.

요건 덤 ⊕
~方がいいです 뒤에 조사 よ를 붙이면 좀 더 상대방을 배려하는 어감을 줄 수 있습니다.

STEP 3 도전 실전 회화

1. 가는 게 좋아요.
   ⇒ _____

2. 일어나는 것이 좋습니다.
   ⇒ _____

3. 내려가는 것이 좋습니다.
   ⇒ _____

Hint
일어나다 起おきる
내려가다 降おりる

留学りゅうがく 유학   準備じゅんび 준비   順調じゅんちょうだ 순조롭다   なかなか 꽤, 제법   大変たいへんだ 힘들다
たくさん 많이   そんな 그런

Pattern 113

〜ない方がいいです
〜하지 않는 게 좋아요

Pattern 112의 〜たほうがいいです와 반대로 상대방에게 어떤 행동을 안 하는 것이 좋다고 조언할 때 쓰는 패턴입니다. 동사를 ない형으로 바꾸고 ほうがいいです를 붙이면 됩니다. 동사 ない형을 만드는 방법은 Pattern 031를 참조해 주세요.

접속 동사 ない형+方がいいです
  명사/な형용사+じゃない方がいいです
  い형용사+くない方がいいです

반말 〜ない方がいい

STEP 1 기본기 다지기

가지 않는 것이 좋습니다.	行かない 方が いいです。
먹지 않는 게 좋아요.	食べない 方が いいです。
보지 않는 게 좋습니다.	見ない 方が いいです。
믿지 않는 것이 좋아요.	信じない 方が いいです。
늦지 않는 게 좋아요.	遅れない 方が いいです。

확장 패턴 연습

안 마시는 게 좋아.	飲まない 方が いい。
선불이 아닌 편이 좋습니다.	先払いじゃない 方が いいです。
예쁘지 않은 게 좋아요.	きれいじゃない 方が いいです。
비싸지 않은 것이 좋습니다.	高くない 方が いいです。

信しんじる 믿다   遅おくれる 늦다   先払さきばらい 선불   きれいだ 예쁘다

STEP 2 리얼 회화 연습

A いつ 日本に 行くんですか。
B 8月に 行こうと 思って います。
A 夏は とても 暑いですから、
 行かない 方が いいですよ。

A 일본에 언제 가나요?
B 8월에 갈까 하는데요.
A 여름에는 너무 더워서 안 가는 게 좋아요.

STEP 3 도전 실전 회화

1. 차를 내리지 않는 게 좋아요.

 ⇒ _____

2. 싸우지 않는 것이 좋습니다.

 ⇒ _____

3. 술을 안 마시는 것이 좋습니다.

 ⇒ _____

Hint
차를 내리다
　　車(くるま)を 降(お)りる
싸우다　けんかする

いつ 언제 　～(よ)うと 思(おも)う ～하려고 생각하다 　夏(なつ) 여름 　とても 매우, 너무

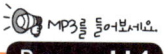

~たらどうですか   ~하는 게 어때요?

Pattern 114

상대방에게 어떤 행동을 하기를 권유할 때 쓸 수 있는 패턴입니다. 앞의 동사는 た형으로 바꾼 다음 연결합니다.

반말 ~たらどう？

STEP 1 기본기 다지기

더 먹는 게 어때요?	もっと 食べたら どうですか。
슬슬 집에 가는 것이 어떻습니까?	そろそろ 帰ったら どうですか。
여는 게 어떻습니까?	開けたら どうですか。
좀 쉬는 것이 어때요?	ちょっと 休んだら どうですか。
헬스 다니는 게 어때요?	ジムに 通ったら どうですか。
다이어트하는 게 어때요?	ダイエットしたら どうですか。

확장 패턴 연습

| 마시는 게 어때? | 飲んだら どう？ |

ジム 헬스(클럽)　~に通かよう ~에 다니다　ダイエットする 다이어트하다

STEP 2 리얼 회화 연습

A 最近 太っちゃって。
B 運動したら どうですか。
A それも なかなか 時間が なくて。
B それは 言い訳ですよ。

A 최근 살이 쪘어요.
B 운동하는 게 어때요?
A 그것도 좀처럼 시간이 없어서.
B 그건 변명이에요.

요건 덤
살이 찌다　太ふとる
살이 빠지다　やせる

STEP 3 도전 실전 회화

1. 읽어 보는 게 어때요?
   ⇒ _____

2. 창문을 닫는 게 어떻습니까?
   ⇒ _____

3. 도움을 청하는 게 어떻습니까?
   ⇒ _____

Hint
창문　窓まど
닫다　閉しめる
도움을 청하다
　　助たすけを求もとめる

最近さいきん 최근, 요즘　　太ふとる 살이 찌다　　～ちゃう ～해 버리다　　運動うんどうする 운동하다
言いい訳わけ 변명, 핑계

UNIT 16
허가와 금지 말하기

Q 다음 말을 일본어로 할 수 있나요?

1. 사진을 찍어도 돼요?
   写真(しゃしん)を 撮(と)っても _____。

2. 전화를 걸어도 돼요.
   電話(でんわ)を _____ いいです。

3. 약을 먹지 않아도 돼요.
   薬(くすり)を _____ いいです。

4. 약속을 어기면 안 돼요.
   約束(やくそく)を _____ いけません。

5. 포기하면 안 돼요.
   あきらめては _____ です。

6. 이제 가야 해요.
   もう _____ なりません。

정답 1. いいですか 2. かけても 3. 飲まなくても 4. やぶっては 5. だめ 6. 行かなければ

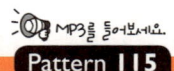

Pattern 115

～てもいいですか ~해도 돼요?

어떤 행동에 대해 상대방에게 허락을 구할 때 쓰는 패턴입니다. 동사를 て형으로 바꾼 다음 패턴을 연결합니다.

반말 ～てもいい？
유사패턴 ～てもかまいませんか
～ても大丈夫(だいじょうぶ)ですか

STEP 1 가볍기 다지기

사진을 찍어도 돼요?	写真(しゃしん)を 撮(と)っても いいですか。
맥주를 마셔도 됩니까?	ビールを 飲(の)んでも いいですか。
다리를 건너도 되나요?	橋(はし)を 渡(わた)っても いいですか。
당신을 믿어도 돼요?	あなたを 信(しん)じても いいですか。
과자를 먹어도 돼요?	お菓子(かし)を 食(た)べても いいですか。

확장 패턴 연습

먹어도 돼?	食(た)べても いい？
먹어도 돼요?	食(た)べても かまいませんか。
먹어도 괜찮아요?	食(た)べても 大丈夫(だいじょうぶ)ですか。

写真(しゃしん)を撮(と)る 사진을 찍다   橋(はし) 다리   渡(わた)る 건너다   信(しん)じる 믿다   お菓子(かし) 과자

STEP 2 리얼 회화 연습

A すみません、ここで 写真を 撮っても いいですか。
B かまいませんよ。どうぞ。
A ありがとうございます。
B いえいえ。

A 저기요, 여기서 사진 찍어도 돼요?
B 괜찮아요. 찍으세요.
A 감사합니다.
B 아닙니다.

요건 덤 ⊕
~てもいいですか에서 も를 생략하고 ~ていいですか라고 할 수도 있습니다. ~てもいいですか보다는 약간 가벼운 느낌이 들죠.

STEP 3 도전 실전 회화

1. 질문해도 돼요?
   ⇒ _____

2. 섞어도 됩니까?
   ⇒ _____

3. 먹어도 돼요?
   ⇒ _____

Hint
질문하다 質問しつもんする
섞다 混ぜる

かまいません 괜찮아요, 상관없어요

Pattern 116

～てもいいです ～해도 돼요

Pattern 115의 ～てもいいですか(～해도 돼요?)에 대한 대답으로, 상대방에게 어떤 동작을 허락할 때 쓸 수 있는 패턴입니다. 동사 て형 뒤에 연결하면 되죠.

반말　　～てもいいよ
유사패턴　～てもかまいません
　　　　　～ても大丈夫(だいじょうぶ)です

STEP 1 기본기 다지기

밥을 남겨도 됩니다.	ごはんを 残(のこ)しても いいです。
머리카락을 길러도 됩니다.	髪(かみ)を 伸(の)ばしても いいです。
주사를 맞아도 돼요.	注射(ちゅうしゃ)を 打(う)っても いいです。
운전해도 돼요.	運転(うんてん)しても いいです。
전화를 걸어도 돼요.	電話(でんわ)を かけても いいです。

확장 패턴 연습

마셔도 돼.	飲(の)んでも いいよ。
마셔도 돼요.	飲(の)んでも かまいません。
마셔도 괜찮아요.	飲(の)んでも 大丈夫(だいじょうぶ)です。

ごはん 밥　残(のこ)す 남기다　髪(かみ) 머리카락　伸(の)ばす 기르다　注射(ちゅうしゃ)を打(う)つ 주사를 맞다
運転(うんてん)する 운전하다　電話(でんわ)をかける 전화를 걸다

STEP 2 리얼 회화 연습

A すみません。もう お腹(なか) いっぱいで。

B 無理(むり)しないで ください。
残(のこ)しても いいですから。

A ごめんなさい。

A 죄송합니다. 벌써 배가 불러서요.
B 무리하지 마세요. 남겨도 되니까요.
A 미안해요.

STEP 3 도전 실전 회화

1. 앉아도 돼요.

   ⇒ _____

2. 누워도 됩니다.

   ⇒ _____

3. 팔아도 됩니다.

   ⇒ _____

Hint
눕다 横(よこ)になる
팔다 売(う)る

もう 벌써, 이미   お腹(なか)がいっぱいだ 배가 부르다   無理(むり)する 무리하다   ごめんなさい 미안해요

Pattern 117

～なくてもいいです ～하지 않아도 돼요

어떤 행동을 할 필요가 없다고 말할 때 쓰는 패턴입니다. 동사를 ない형으로 바꾼 다음 연결합니다.

반말	～なくてもいいよ
유사패턴	～なくてもかまいません
	～なくても 大丈夫<small>だいじょうぶ</small>です

STEP 1 기본기 다지기

오늘은 (집에) 안 가도 돼요.　　今日は 帰<small>かえ</small>らなくても いいです。

클럽에 안 들어가도 됩니다.　　クラブに 入<small>はい</small>らなくても いいです。

돈을 내지 않아도 됩니다.　　お金<small>かね</small>を 払<small>はら</small>わなくても いいです。

다이어트를 하지 않아도 돼요.　　ダイエットを しなくても いいです。

약을 먹지 않아도 돼요.　　薬<small>くすり</small>を 飲<small>の</small>まなくても いいです。

확장 패턴 연습

안 먹어도 돼.　　食<small>た</small>べなくても いいよ。

먹지 않아도 돼요.　　食<small>た</small>べなくても かまいません。

먹지 않아도 괜찮아요.　　食<small>た</small>べなくても 大丈夫<small>だいじょうぶ</small>です。

クラブ 클럽　　入<small>はい</small>る 들어가다　　払<small>はら</small>う (돈을) 내다, 지불하다　　ダイエット 다이어트　　薬<small>くすり</small> 약

STEP 2 리얼 회화 연습

A 明日(あした)は 土曜日(どようび)ですね。

B ええ、早起(はやお)き しなくても いいですから 嬉(うれ)しいです。

A 私(わたし)も 明日(あした)は ゆっくり します。

A 내일은 토요일이네요.
B 네, 일찍 일어나지 않아도 돼서 기뻐요.
A 저도 내일은 푹 쉴 거예요.

STEP 3 도전 실전 회화

1. 요리를 만들지 않아도 돼요.

   ⇒ _____

2. 시험을 보지 않아도 됩니다.

   ⇒ _____

3. 결혼 안 해도 됩니다.

   ⇒ _____

Hint
요리를 만들다
　料理(りょうり)を 作(つく)る
시험을 보다　テストを 受(う)ける

早起(はやお)き 일찍 일어남　嬉(うれ)しい 기쁘다　ゆっくり 천천히, 푹

Pattern 118

～てはいけません ～하면 안 돼요

상대방이 어떤 행동을 하는 것을 금지할 때 쓰는 표현입니다. 상대방의 행동에 도의적인 문제가 있다는 뉘앙스가 포함되어 있죠. 동사를 て형으로 만든 다음 연결하면 됩니다.

| 반말 | ～てはいけない |
| 유사패턴 | ～てはなりません (엄숙한 느낌) |

STEP 1 기본기 다지기

복도를 뛰면 안 돼요.   廊下を 走っては いけません。

전부 마시면 안 됩니다.   全部 飲んでは いけません。

옮기면 안 돼요.   動かしては いけません。

약속을 어기면 안 돼요.   約束を やぶっては いけません。

작품을 만지면 안 됩니다.   作品に 触っては いけません。

확장 패턴 연습

먹으면 안 돼.   食べては いけない。

먹으면 안 돼요.   食べては なりません。

廊下ろうか 복도   走はしる 뛰다   全部ぜんぶ 전부   動うごかす 옮기다   約束やくそくをやぶる 약속을 어기다
作品さくひん 작품   触さわる 만지다, (～에) 손을 대다

STEP 2 리얼 회화 연습

A あの、すみません。

B 何(なん)ですか。

A ここで 写真(しゃしん)を 撮(と)っては いけません。

B え、どうしてですか。

A 저기요.
B 네?
A 여기서 사진을 찍으면 안 됩니다.
B 네? 왜요?

요건 덤

여기서 ~てはいけません은 상대방의 행동에 대한 도의적인 지적이기 때문에 ~ないでください(~하지 마세요)보다 강한 어감이 있습니다.

STEP 3 도전 실전 회화

1. 일어서면 안 됩니다.

    ⇨ _____

2. 수다 떨면 안 돼요.

    ⇨ _____

3. 헤어지면 안 돼요.

    ⇨ _____

Hint

일어서다 立(た)つ
수다를 떨다　おしゃべりをする
헤어지다 別(わか)れる

どうして 왜, 어째서

Pattern 119

～てはだめです ～하면 안 돼요

Pattern 118의 ～てはいけません보다 좀 더 가벼운 뉘앙스의 패턴으로, 회화에서 자주 쓰입니다. 마찬가지로 동사를 て형으로 만든 다음 연결하면 되죠.

반말 ～ちゃだめ
　　　～てはいかん (예스러운 표현)

STEP 1 기본기 다지기

아직 돌아가면 안 돼요.	まだ 帰ってはだめです。
여기를 누르면 안 됩니다.	ここを 押してはだめです。
같이 섞으면 안 돼요.	一緒に 混ぜてはだめです。
포기하면 안 돼요.	諦めてはだめです。
여기에 버리면 안 됩니다.	ここに 捨ててはだめです。

확장 패턴 연습

| 먹으면 안 돼. | 食べちゃ だめ。 |
| 먹으면 안 된다. | 食べては いかん。 |

押す 누르다　諦める 포기하다　捨てる 버리다

STEP 2 리얼 회화 연습

A　ここで たばこを 吸っては だめですか。

B　ええ、ここは 禁煙です。

A　わかりました。すみません。

B　外で 吸って ください。

A　여기서 담배를 피우면 안 돼요?
B　네. 여기는 금연이에요.
A　알겠습니다. 죄송해요.
B　밖에서 피우세요.

요건덤
오사카를 중심으로 한 간사이 지방에서는 '~하면 안 돼'라고 할 때 ~たらあかん이라고도 많이 씁니다.
e.g. 食べたら あかん。
　　 먹으면 안 돼.

STEP 3 도전 실전 회화

1. 열면 안 돼요.
   ⇒ _____

2. 의심하면 안 됩니다.
   ⇒ _____

3. 믿으면 안 됩니다.
   ⇒ _____

Hint
열다 開ける
의심하다 疑う

たばこを 吸す う 담배를 피우다　　禁煙 きんえん 금연　　外 そと 밖　　～で ～에서

～なければなりません ～해야 해요

Pattern 120

어떤 동작을 할 의무나 필요성이 있다는 것을 나타낼 때 쓰는 패턴입니다. 동사를 ない형으로 바꾼 다음 연결하면 되죠.

- **반말** ～なければならない
- **회화체** ～なきゃなりません
- **유사패턴** ～なければいけません

STEP 1 기본기 다지기

이제 가야 해요.	もう 行かなければ なりません。
이야기를 들어야 합니다.	話を 聞かなければ なりません。
잘 생각해야 합니다.	よく 考えなければ なりません。
빨대로 빨아야 해요.	ストローで 吸わなければ なりません。
얼음을 녹여야 합니다.	氷を 溶かさなければ なりません。

확장 패턴 연습

마셔야 해.	飲まなければ ならない。
마셔야 해요.	飲まなきゃ なりません。
마셔야 합니다.	飲まなければ いけません。

話はなし 이야기　考かんがえる 생각하다　ストロー 빨대　吸すう 빨다　氷こおり 얼음　溶とかす 녹이다

STEP 2 리얼 회화 연습

A 一緒に 遊びませんか。

B すみません。
今日は 教会に 行か**なければ なりません**。

A そうですか。残念です。

A 같이 놀지 않을래요?
B 죄송해요. 오늘은 교회에 가야 해요.
A 그래요? 아쉽네요.

요건 덤
~なりません과 ~いけません은 같은 의미이지만, ~いけません 쪽이 좀 더 회화적인 느낌이 듭니다.

STEP 3 도전 실전 회화

1. 자야 해요.

   ⇒ _____

2. 일어나야 합니다.

   ⇒ _____

3. 막아야 합니다.

   ⇒ _____

Hint
일어나다 起きる
막다 防ぐ

遊あそぶ 놀다　　教会きょうかい 교회　　残念ざんねんだ 아쉽다, 유감이다

UNIT 17

가정, 조건 말하기

Q 다음 말을 일본어로 할 수 있나요?

1. 이 버튼을 누르면 돼요.

   この ボタンを _____ いいです。

2. 똑바로 가면 편의점이 있습니다.

   まっすぐ _____ コンビニが あります。

3. 당신이 간다면 저도 갈게요.

   あなたが _____ 私(わたし)も 行(い)きます。

4. 말하면 말할수록 좋아져요.

   _____ 話(はな)すほど よく なります。

5. 공부할 걸 그랬어.

   勉強(べんきょう)すれば _____ 。

6. 다이어트하기를 잘했다.

   ダイエットして _____ 。

정답 1. 押(お)せば 2. 行(い)くと 3. 行(い)くなら 4. 話(はな)せば 5. よかった 6. よかった

Pattern 121

～たら ~하면

일본어의 가정 표현 중에서 제일 사용 범위가 넓고 일반적으로 쓸 수 있는 것이 ~たら입니다. 동사를 た형으로 만든 다음 연결하면 됩니다.

접속 동사 た형＋たら
　　　　な형용사 어간 / 명사＋だったら
　　　　い형용사 어간＋かったら

STEP 1 기본기 다지기

먹으면	食(た)べたら
만나면	会(あ)ったら
마시면	飲(の)んだら
믿으면	信(しん)じたら
놀라면	驚(おどろ)いたら

확장 패턴 연습

봄이라면	春(はる)だったら
친절하면	親切(しんせつ)だったら
빠르면	早(はや)かったら

信しんじる 믿다　驚おどろく 놀라다　春はる 봄　早はやい 빠르다

STEP 2 리얼 회화 연습

A 明日 ひさしぶりに 学校に 行きます。
B 山田先生に 会ったら よろしく 伝えて ください。
A わかりました。
   伝えて おきます。

A 내일 오랜만에 학교에 가요.
B 야마다 선생님을 만나면 안부 전해 주세요.
A 알겠습니다.
   전해 드릴게요.

STEP 3 도전 실전 회화

1. 비가 내리면
   ⇒ _____

2. 머리를 자르면
   ⇒ _____

3. 봄이 오면
   ⇒ _____

Hint
비가 내리다 雨あめが 降ふる
머리카락 髪かみの 毛け
자르다 切きる

ひさしぶりに 오랜만에   よろしく 잘   伝つたえる 전하다

Pattern 122

～ば ~하면

일본어 가정 표현 중 하나로, B라는 결과를 얻기 위해 A라는 전제조건이 필요하다는 문맥에서 쓰입니다. 이때 B는 긍정적인 결과인 것이 원칙입니다. 동사 ば형 만드는 방법은 다음 페이지의 요건 덤을 참조하세요.

접속 な형용사 어간 / 명사＋ならば
い형용사 어간＋ければ

STEP 1 기본기 다지기

보면	見(み)れば
앉으면	座(すわ)れば
걸으면	歩(ある)けば
두드리면	叩(たた)けば
죽으면	死(し)ねば

확장 패턴 연습

여름이라면	夏(なつ)ならば
편리하면	便利(べんり)ならば
작으면	小(ちい)さければ

座すわる 앉다 歩あるく 걷다 叩たたく 두드리다 死しぬ 죽다 夏なつ 여름 便利べんりだ 편리하다
小ちいさい 작다

STEP 2 리얼 회화 연습

A 中(なか)に 入(はい)りたいんですが。

B この ボタンを 押(お)せば いいですよ。

A ありがとうございます。

A 안에 들어가고 싶은데요.
B 이 버튼을 누르면 돼요.
A 감사합니다.

요건 덤 ➕ 동사 ば형 만드는 방법

1그룹 동사	어미를 e 모음으로 바꾸고 + ば	飲む → 飲めば
2그룹 동사	어미 る를 빼고 + れば	考える → 考えれば
3그룹 동사		すれば / 来(く)れば

STEP 3 도전 실전 회화

1. 받으면

   ⇨ _____

2. 켜면

   ⇨ _____

3. 쓰러지면

   ⇨ _____

Hint
받다 もらう
켜다 つける
쓰러지다 倒(たお)れる

中(なか) 안, 속 入(はい)る 들어가다 ボタン 버튼 押(お)す 누르다

Pattern 123

～と ～하면

일본어 가정 표현 중 하나로, A를 한 자연스러운 결과로서 B가 일어난다는 뉘앙스로 쓰입니다. 동사 기본형에 と만 붙이면 되죠.

부정형 ～ないと

STEP 1 기본기 다지기

봄이 오면 꽃이 핍니다.	春に なると 花が 咲きます。
연락이 오면 기쁩니다.	連絡が 来ると 嬉しいです。
똑바로 가면 편의점이 있어요.	まっすぐ 行くと コンビニが あります。
그가 오면 분위기가 좋아집니다.	彼が 来ると 雰囲気が よく なります。
이것을 마시면 낫습니다.	これを 飲むと 治ります。
비가 내리면 추워집니다.	雨が 降ると 寒く なります。

확장 패턴 연습

| 연락이 안 오면 걱정됩니다. | 連絡が 来ないと 心配に なります。 |

花はなが咲さく 꽃이 피다   連絡れんらく 연락   嬉うれしい 기쁘다   まっすぐ 똑바로   コンビニ 편의점
雰囲気ふんいき 분위기   治なおる 낫다   寒さむくなる 추워지다   心配しんぱいだ 걱정이다

STEP 2 리얼 회화 연습

A トイレは どこですか。
B 廊下(ろうか)を まっすぐ 行(い)くと あります。
A ありがとうございます。
B いえいえ。

A 화장실은 어디입니까?
B 복도를 쭉 가면 있어요.
A 감사합니다.
B 아닙니다.

요건 덤
~とは 자연스럽게 일어나는 결과를 말하기 위한 표현이기 때문에 뒤에 명령, 금지, 자신의 의견 등 주관을 나타내는 표현이 올 수 없습니다.
(×) 雨(あめ)が 降(ふ)ると 来(こ)なくていいです。

STEP 3 도전 실전 회화

1. 비가 오면 추워집니다.
   ⇒ _____

2. 늦잠을 자면 지각합니다.
   ⇒ _____

3. 책을 읽으면 똑똑해집니다.
   ⇒ _____

Hint
늦잠을 자다 寝坊(ねぼう)する
지각하다 遅刻(ちこく)する
똑똑해지다 賢(かしこ)くなる

トイレ 화장실   廊下(ろうか) 복도   いえいえ 아니오

Pattern 124

〜なら ~라면, ~한다면

일본어 가정 표현 중 하나로, '수많은 다른 가능성 중에서 굳이 어떤 하나를 선택한다면'이라는 뉘앙스를 가지고 있습니다.

접속 동사/い형용사 기본형＋なら
な형용사 어간/명사＋なら

STEP 1 기본기 다지기

이거라면 괜찮습니다.	これなら 大丈夫です。
라면이라면 저 가게가 좋아요.	ラーメンなら あの 店が いいです。
당신이 간다면 저도 갈게요.	あなたが 行くなら 私も 行きます。
그만둔다면 대타를 찾으세요.	やめるなら 代わりを 探して ください。
그가 오지 않는다면 돌아갈게요.	彼が 来ないなら 帰ります。
안 된다면 어쩔 수 없습니다.	だめなら しょうが ないです。

大丈夫だだいじょうぶだ 괜찮다　ラーメン 라면　店みせ 가게　やめる 그만두다　代かわり 대타　探さがす 찾다　だめだ 안 되다　しょうがない 어쩔 수 없다

STEP 2 리얼 회화 연습

A どこか おいしい ビールの 店(みせ) 知(し)りませんか。

B ビールを 飲(の)むなら 駅前(えきまえ)の 店(みせ)が いいですよ。

A わかりました。
行(い)って みます。

A 어디 맛있는 맥주 집 모르세요?
B 맥주를 마실 거라면 역 앞에 있는 가게가 좋아요.
A 알겠습니다.
가 볼게요.

STEP 3 도전 실전 회화

1. 당신이 듣는다면
   ⇒ _____

2. 온천 여행이라면
   ⇒ _____

3. 결혼한다면
   ⇒ _____

Hint
온천 여행
温泉旅行(おんせんりょこう)

どこか 어디인가　知(し)る 알다　駅前(えきまえ) 역 앞　～てみる ~해 보다

Pattern 125

～ば …ほど ～하면 …할수록

어떤 행동을 함에 따라 결과도 비례적으로 변화하는 것을 나타낼 때 쓰는 패턴입니다.

접속 동사 : ～(れ)ば …ほど
い형용사 : ～ければ …ほど
な형용사 : ～なら …なほど

유사패턴 ～ば …ただけ

STEP 1 기본기 다지기

먹으면 먹을수록	食(た)べれば 食(た)べるほど
노래를 부르면 부를수록	歌(うた)えば 歌(うた)うほど
춤추면 출수록	踊(おど)れば 踊(おど)るほど
쓰면 쓸수록	書(か)けば 書(か)くほど
생각하면 생각할수록	考(かんが)えれば 考(かんが)えるほど
보면 볼수록	見(み)れば 見(み)るほど

확장 패턴 연습

| 크면 클수록 | 大(おお)きければ 大(おお)きいほど |
| 예쁘면 예쁠수록 | きれいなら きれいなほど |

歌(うた)う 노래를 부르다   踊(おど)る 춤을 추다

STEP 2 리얼 회화 연습

A 発音(はつおん)は どうすれば よく なりますか。
B 話(はな)せば 話(はな)すほど よく なります。
A わかりました。
B 頑張(がんば)って ください。

> **요건덤**
> 유사 패턴으로 ～ば …ただけ 라는 것도 있습니다.
> e.g. 勉強(べんきょう)すれば勉強(べんきょう)しただけ成績(せいせき)が上(あ)がる。
> 공부하면 공부한 만큼 성적이 올라간다.

A 발음은 어떻게 하면 좋아지나요?
B 말하면 말할수록 좋아져요.
A 알겠습니다.
B 힘내세요.

STEP 3 도전 실전 회화

1. 읽으면 읽을수록
   ⇒ _____

> **Hint**
> 읽다 読(よ)む
> 기다리다 待(ま)つ

2. 기다리면 기다릴수록
   ⇒ _____

3. 공부하면 할수록
   ⇒ _____

発音(はつおん) 발음   よくなる 좋아지다   頑張(がんば)る 힘내다

Pattern 126

～ばよかった ～할 걸 그랬어

'～할 걸 그랬어' 하고 어떤 행동을 하지 않은 것에 대해 후회하는 마음을 나타내는 패턴입니다.

유사패턴 ～たらよかった

STEP 1 기본기 다지기

공부할 걸 그랬어.	勉強すれば よかった。
먹을 걸 그랬어.	食べれば よかった。
일찍 일어날 걸 그랬어.	早く 起きれば よかった。
그만둘 걸 그랬다.	やめれば よかった。
메일을 보낼 걸 그랬어.	メールを 送れば よかった。
고백할 걸 그랬어.	告白すれば よかった。

확장 패턴 연습

| 마실 걸 그랬어. | 飲んだら よかった。 |

早はやく 일찍　起おきる 일어나다　メール 메일　送おくる 보내다　告白こくはくする 고백하다

STEP 2 리얼 회화 연습

A あ、雨ですね。
B 本当ですか。傘を 持って くれば よかった。
A 貸しましょうか。
B 本当ですか。ありがとうございます。

A 어? 비가 오네요.
B 정말요? 우산을 갖고 올 걸 그랬네.
A 빌려 드릴까요?
B 정말요? 감사합니다.

요건 덤
윗사람이 앞에 있어도 혼잣말을 할 때는 반말체로 말하는 것이 보통입니다.

STEP 3 도전 실전 회화

1. 일찍 잘 걸 그랬어.
   ⇨ _____

2. 거절할 걸 그랬어.
   ⇨ _____

3. 들어갈 걸 그랬어.
   ⇨ _____

Hint
거절하다 断ことわる

雨あめ 비   傘かさ 우산   持もってくる 가져오다   貸かす 빌려 주다

～てよかった ～하기를 잘했다

Pattern 127

Pattern 126의 ～ばよかった(～할 걸 그랬다)와 대조적으로, 과거에 한 어떤 행동 덕분에 좋은 결과가 있었다는 것을 나타냅니다.

STEP 1 기본기 다지기

다이어트하기를 잘했다.	ダイエットして よかった。
공부해 두기를 잘했다.	勉強して おいて よかった。
당신을 만나서 다행이야.	あなたに 会って よかった。
확인하기를 잘했어.	確認して よかった。
불을 끄기를 잘했어.	火を 消して よかった。
만나기를 잘했어.	会って よかった。

ダイエットする 다이어트하다   確認かくにんする 확인하다   火ひを消けす 불을 끄다

STEP 2 리얼 회화 연습

A あ、雨_{あめ}ですね。

B 本当_{ほんとう}ですか。
　傘_{かさ}を 持_もって きて よかったです。

A それは よかった。

A 어? 비가 오네요.
B 정말요?
　우산을 가져오길 잘했네요.
A 그건 다행이네요.

STEP 3 도전 실전 회화

1. 기다리기를 잘했어.

　⇒ _____

2. 전화를 걸길 잘했다.

　⇒ _____

3. 일찍 일어나기를 잘했다.

　⇒ _____

Hint
전화를 걸다　電話_{でんわ}をかける
일찍 일어남　早起_{はやおき}

UNIT 18
가능, 불가능 말하기

Q 다음 말을 일본어로 할 수 있나요?

1. 요리를 할 수 있습니다.
   料理(りょうり)が _____ 。

2. 볼 수 있습니다.
   見(み)る _____ できます。

3. 사진을 찍을 수 있어요.
   写真(しゃしん)を _____ ます。

4. 5시에 올 수 있습니다.
   5時(ごじ)に _____ ます。

5. 알 수 있게 됐어요.
   わかる ように _____ 。

6. 이야기할 수 있게 됐습니다.
   _____ ように なりました。

정답 1. 출来ます 2. ことが 3. 撮れ 4. 来られ 5. なりました 6. 話せる

～ができます ～(를) 할 수 있어요

Pattern 128

앞에 동작을 동반하는 명사를 넣어서 그 행위가 가능하다는 것을 나타냅니다.

- 반말 ～ができる
- 부정형 ～ができません
- 과거형 ～ができました
- 과거부정형 ～ができませんでした

STEP 1 기본기 다지기

축구를 할 수 있어요.	サッカーが できます。
계산할 수 있어요.	計^{けいさん}算が できます。
컴퓨터를 할 수 있어요.	パソコンが できます。
작곡할 수 있습니다.	作^{さっきょく}曲が できます。
요리를 할 수 있습니다.	料^{りょうり}理が できます。

확장 패턴 연습

피아노를 칠 수 있어.	ピアノが できる。
피아노를 칠 수 없어요.	ピアノが できません。
피아노를 칠 수 있었어요.	ピアノが できました。
피아노를 칠 수 없었어요.	ピアノが できませんでした。

サッカー 축구　計算けいさん 계산　パソコン 컴퓨터　作曲さっきょく 작곡　料理りょうり 요리　ピアノ 피아노

STEP 2 리얼 회화 연습

A スケートが できますか。

B はい、できますよ。

A すごいですね。私(わたし)は できません。

B 一緒(いっしょ)に 練習(れんしゅう)しましょう。

A 스케이트를 탈 수 있어요?
B 네, 탈 수 있어요.
A 대단하네요. 저는 못 해요.
B 같이 연습해요.

요건 덤+

한국어에서는 '~을/를 할 수 있다'라고 하지만, 일본어에서는 できる(~할 수 있다) 앞에 보통 조사 を가 아니라 が를 씁니다.

STEP 3 도전 실전 회화

1. 농구를 할 수 있습니다.
   ⇒ _____

2. 기타를 칠 수 있어요.
   ⇒ _____

3. 중국어를 할 수 있어요.
   ⇒ _____

Hint
농구 バスケットボール
기타 ギター
중국어 中国語(ちゅうごくご)

スケート 스케이트　　すごい 대단하다　　一緒(いっしょ)に 같이, 함께　　練習(れんしゅう)する 연습하다

Pattern 129

～ことができます ~할 수 있어요

~ができます 앞에는 명사가 오지만, 동사가 올 경우엔 동사 기본형에 ことができます를 연결하면 됩니다. 어떤 동작을 할 수 있다는 것을 나타내는 패턴이죠.

- **반말** ～ことができる
- **부정형** ～ことができません
- **과거형** ～ことができました
- **과거부정형** ～ことができませんでした

STEP 1 기본기 다지기

볼 수 있습니다. 　見(み)る ことが できます。

즐길 수 있습니다. 　楽(たの)しむ ことが できます。

일할 수 있어요. 　働(はたら)く ことが できます。

방문할 수 있어요. 　訪(たず)ねる ことが できます。

누울 수 있어요. 　横(よこ)になる ことが できます。

확장 패턴 연습

마실 수 있어. 　飲(の)む ことが できる。

마실 수 없어요. 　飲(の)む ことが できません。

마실 수 있었어요. 　飲(の)む ことが できました。

마실 수 없었어요. 　飲(の)む ことが できませんでした。

楽(たの)しむ 즐기다　働(はたら)く 일하다　訪(たず)ねる 방문하다　横(よこ)になる 눕다

STEP 2 리얼 회화 연습

A　いい 部屋(へや)ですね。
B　晴(は)れた 日(ひ)には 富士山(ふじさん)を 見(み)る ことが できます。
A　それは すごいですね。
　　私(わたし)も こんな 部屋(へや)に 住(す)みたいです。

요건 덤
"방심하면 죽을 수 있다"와 같이 부정적인 가능성을 나타낼 때는 ~ことができます를 쓸 수 없습니다. 대신 ~おそれがあります(~할 우려가 있습니다)라고 합니다.

A　방이 참 좋네요.
B　맑은 날에는 후지산을 볼 수 있어요.
A　그것 참 근사하네요.
　　저도 이런 방에 살고 싶어요.

STEP 3 도전 실전 회화

1. 먹을 수 있어요.

⇒ _____

2. 살 수 있습니다.

⇒ _____

Hint
사다 買(か)う

3. 마실 수 있습니다.

⇒ _____

部屋(へや) 방　　晴(は)れる (하늘이) 개다　　富士山(ふじさん) 후지산　　住(す)む (~에) 살다

Pattern 130

〜(ら)れます ~할 수 있어요

동사 자체를 가능형으로 만들어 가능성을 표현할 수도 있습니다. 동사 가능형을 만드는 방법은 다음 페이지 요건 덤을 참조하세요.

- **반말**　　〜(ら)れる
- **부정형**　〜(ら)れません
- **과거형**　〜(ら)れました
- **과거부정형**　〜(ら)れませんでした

STEP 1 기본기 다지기

사진을 찍을 수 있어요.	写真を 撮れます。
여기서 놀 수 있어요.	ここで 遊べます。
샹송을 부를 수 있어요.	シャンソンを 歌えます。
5시에 올 수 있습니다.	5時に 来られます。
케이크를 만들 수 있습니다.	ケーキを 作れます。

확장 패턴 연습

마실 수 있어.	飲める。
마실 수 없어요.	飲めません。
마실 수 있었어요.	飲めました。
마실 수 없었어요.	飲めませんでした。

写真しゃしんを撮とる 사진을 찍다　遊あそぶ 놀다　シャンソン 샹송　歌うたう 노래하다　ケーキ 케이크　作つくる 만들다

STEP 2 리얼 회화 연습

A 虫を 触れますか。

B はい、触れます。

A そうですか。私は 無理です。

B こんなに かわいいのに。

A 벌레를 만질 수 있어요?
B 네, 만질 수 있어요.
A 그래요? 저는 못 합니다.
B 이렇게 귀여운데.

요건 덤 + 동사 가능형 만드는 방법

1그룹 동사	어미를 e 모음으로 바꾸고 + る	飲む → 飲める
2그룹 동사	어미 る를 빼고 + られる	考える → 考えられる
3그룹 동사		できる / 来こ(ら)れる

STEP 3 도전 실전 회화

1. 가르칠 수 있어요.

   ⇒ _____

2. 일어날 수 있습니다.

   ⇒ _____

Hint
가르치다 教おしえる
일어나다 起おきる

虫むし 벌레　　触さわる 만지다, (~에) 손을 대다　　無理むりだ 무리이다　　~のに ~인데, ~한데

Pattern 131

동사 가능형 + ようになりました
~할 수 있게 됐어요

전에는 못 했던 것을 할 수 있게 됐다고 말할 때 씁니다. 동사 가능형에 ようになりました를 붙이면 되죠.

반말 동사 가능형 + ようになった

STEP 1 기본기 다지기

마실 수 있게 됐어요.   飲(の)める ようになりました。

알 수 있게 됐어요.   わかる ようになりました。

만들 수 있게 됐어요.   作(つく)れる ようになりました。

기다릴 수 있게 됐습니다.   待(ま)てる ようになりました。

이야기할 수 있게 됐습니다.   話(はな)せる ようになりました。

읽을 수 있게 됐습니다.   読(よ)める ようになりました。

마실 수 있게 됐습니다.   飲(の)める ようになりました。

확장 패턴 연습

먹을 수 있게 됐다.   食べられる ようになった。

わかる 알 수 있다   話はなす 이야기하다

STEP 2 리얼 회화 연습

A 日本語の 勉強は どうですか。

B 最近 日本の ドラマが 聞き取れる ようになりました。

A それは よかったですね。

A 일본어 공부는 어때요?
B 최근에 일본 드라마를 알아들을 수 있게 됐어요.
A 그건 다행이네요.

요건 덤 +

ら抜き言葉

食べられる → 食べれる처럼 2그룹 가능형에서 ら를 빼는 현상이 최근 일반화되고 있습니다. 하지만 아직 올바른 일본어로 인정받지 못하고 있는 상황입니다.

STEP 3 도전 실전 회화

1. 혼자서 갈 수 있게 됐어요.
   ⇒ _____

2. 읽을 수 있게 됐습니다.
   ⇒ _____

3. 먹을 수 있게 됐습니다.
   ⇒ _____

Hint
혼자서 一人ひとりで

最近さいきん 최근, 요즘   ドラマ 드라마   聞きき取とる 알아듣다

UNIT 19
추측 말하기

Q 다음 말을 일본어로 할 수 있나요?

1. 비가 내린다고 합니다.
   雨(あめ)が 降(ふ)る _____。

2. 죽을 것 같습니다.
   _____ そうです。

3. 그의 행동은 남자답습니다.
   彼(かれ)の 行動(こうどう)は _____。

4. 온다고 생각합니다.
   来(く)ると _____。

5. 그가 올지도 몰라요.
   彼(かれ)が 来(く)るかも _____。

6. 질 리가 없어요.
   負(ま)ける _____ ありません。

정답 1. そうです 2. 死(し)にそう 3. 男(おとこ)らしいです 4. 思(おも)います 5. しれません 6. わけが

~そうです ~라고 해요

Pattern 132

다른 사람한테 들은 이야기를 또 다른 사람에게 전달할 때 쓰는 패턴입니다. 각 품사 기본형(긍정, 부정, 과거 등의 반말체)에 そうです를 붙이면 되죠.

- **반말** ~そうだ
- **유사패턴** ~んだって (회화체)

STEP 1 기본기 다지기

애인이라고 해요.	恋人だ そうです。
아름답다고 해요.	美しい そうです。
단순하다고 해요.	単純だ そうです。
비가 내린다고 합니다.	雨が 降る そうです。
꽤 고민했다고 합니다.	ずいぶん 悩んだ そうです。

확장 패턴 연습

| 마셨다고 한다. | 飲んだ そうだ。 |
| 마셨대. | 飲んだんだって。 |

恋人こいびと 애인　美うつくしい 아름답다　単純たんじゅんだ 단순하다　雨あめが 降ふる 비가 내리다
ずいぶん 꽤, 상당히　悩なやむ 고민하다

STEP 2 리얼 회화 연습

A 傘 持って ますか。
         かさ も

B え、どうしてですか。

A 午後から 雨が 降る そうですよ。
   ごご   あめ   ふ

B 本当ですか。
   ほんとう

A 우산 갖고 계세요?
B 네? 왜요?
A 오후부터 비가 온대요.
B 진짜요?

STEP 3 도전 실전 회화

1. 태어났다고 해요.
   ⇒ _____

2. 죽었다고 합니다.
   ⇒ _____

3. 만났다고 합니다.
   ⇒ _____

Hint
태어나다 生まれる
죽다 死ぬ

午後ごご 오후

～そうです ～할 것 같아요

Pattern 133

보거나 들었을 때 받은 첫인상을 나타내는 패턴입니다. 앞에 동사가 오는 경우 ます형으로 바꾼 다음 そうです를 붙이고, 형용사의 경우 어미를 빼고 そうです를 붙입니다.

- **접속** 동사 ます형+そうです
  - な형용사 어간+そうです
  - い형용사 어간+そうです
- **반말** ~そうだ
- **부정형** ~そうじゃないです

STEP 1 기본기 다지기

비가 그칠 것 같아요. — 雨が 止みそうです。

술을 많이 마실 것 같아요. — お酒を たくさん 飲みそうです。

내일도 올 것 같아요. — 明日も 来そうです。

이제 끝날 것 같습니다. — もう 終わりそうです。

죽을 것 같습니다. — 死にそうです。

확장 패턴 연습

친절할 것 같아요. — 親切そうです。

맛있을 것 같아요. — おいしそうです。

아직 먹을 것 같아. — まだ 食べそうだ。

비가 내릴 것 같지 않아요. — 雨が 降りそうじゃないです。

雨あめが 止やむ 비가 그치다   たくさん 많이   終おわる 끝나다   親切しんせつだ 친절하다

STEP 2 리얼 회화 연습

A お酒 お好きですか。

B 全然 飲めないんです。

A 結構 飲みそうなのに、意外ですね。

B そう 見えますか。

A 술 좋아하세요?
B 전혀 못 마시거든요.
A 꽤 드실 것 같은데 의외네요.
B 그렇게 보여요?

요건 덤
'~하지 않을 것 같다'는 ~なそうだ가 아니라 ~なさそうだ라고 합니다.

STEP 3 도전 실전 회화

1. 읽을 것 같아요.

   ⇨ _____

2. 피곤할 것 같습니다.

   ⇨ _____

3. 올 것 같습니다.

   ⇨ _____

Hint
피곤하다 疲つかれる

全然ぜんぜん 전혀   結構けっこう 꽤, 제법   意外いがいだ 의외이다   見みえる 보이다

~ようです ~하는 모양이에요

Pattern 134

동사 기본형에 ようです를 붙이면 다른 사람한테 듣거나 자기가 본 정보를 바탕으로 스스로 판단을 내리는 표현이 됩니다.

- **접속** 동사/い형용사 기본형+ようです / な형용사 어간+なようです / 명사+のようです
- **반말** ~ようだ
- **부정형** ~ないようです
- **과거형** ~たようです

STEP 1 기본기 다지기

내일도 갈 모양이에요.	明日も 行く ようです。
고민하고 있는 모양이에요.	悩んで いる ようです。
담배를 피우는 모양이에요.	たばこを 吸う ようです。
주차장이 있는 모양입니다.	駐車場が ある ようです。
커피를 마시는 모양입니다.	コーヒーを 飲む ようです。

확장 패턴 연습

아주 매운 모양이에요.	とても 辛い ようです。
단순한 모양이에요.	単純な ようです。
내일은 휴일인 모양이에요.	明日は 休みの ようです。
쉴 모양이야.	休む ようだ。
안 갈 모양이에요.	行かない ようです。
이해한 모양이에요.	わかった ようです。

STEP 2 리얼 회화 연습

A 家に だれも いない ようです。

B どうして わかるんですか。

A 明かりが ついて いません から。

B なるほど。

A 집에 아무도 없는 모양이에요.
B 어떻게 알아요?
A 불이 켜져 있지 않으니까요.
B 그렇군요.

요건 덤
~ようです를 쓸 때는 "왜 그렇게 생각하느냐"는 질문을 받았을 때 설명할 만한 근거가 있어야 합니다.

STEP 3 도전 실전 회화

1. 공부하는 모양이에요.
   ⇒ _____

2. 아무것도 없는 모양입니다.
   ⇒ _____

3. 누가 있는 모양입니다.
   ⇒ _____

Hint
공부하다 勉強べんきょうする
아무것도 何なにも
없다 ない
누가, 누군가 だれか
있다 いる

たばこを 吸すう 담배를 피우다　駐車場ちゅうしゃじょう 주차장　辛からい 맵다　休やすみ 휴일　明あかり 불
つく 켜다　なるほど 과연, 그렇군요

～らしいです ~랍니다

Pattern 135

보거나 들은 정보를 제3자에게 전할 때 쓰는 패턴입니다. 또 자기가 어떤 상황에서 추측한 일에 대해서도 쓸 수 있습니다.

접속 동사/い형용사/명사+らしいです / な형용사 어간+らしいです
반말 ～らしい
과거형 ～たらしいです
부정형 ～ないらしいです
유사패턴 ～みたいです (회화체)

STEP 1 기본기 다지기

내일은 시험이 있답니다.	明日は テストが ある らしいです。
마지막에 들어간답니다.	最後に 入る らしいです。
조금 늦는답니다.	ちょっと 遅れる らしいです。
오전 중에 온답니다.	午前中に 来る らしいです。
꽃이 핀답니다.	花が 咲く らしいです。

확장 패턴 연습

저 사람이 애인이랍니다.	あの人が 恋人らしいです。
춥답니다.	寒い らしいです。
안전하답니다.	安全 らしいです。
먹는댄다.	食べる らしい。
안 먹는답니다.	食べない らしいです。
먹었답니다.	食べた らしいです。
먹는답니다.	食べる みたいです。

STEP 2 리얼 회화 연습

A 天気予報に よると、
　午後から 雨が 降る らしいですよ。

B 本当ですか。困ったなあ。

A 傘 ないんですか。

A 일기예보에 따르면 오후부터 비가 온대요.
B 정말요? 이거 큰일인데.
A 우산 없으세요?

요건 덤
이야기를 전달할 때, 그 정보원을 제시하고 〜によると(〜에 따르면)라고 하는 경우가 많아요.

STEP 3 도전 실전 회화

1. 고친답니다.
　⇒ _____

2. 낫는답니다.
　⇒ _____

3. 오지 않는답니다.
　⇒ _____

Hint
고치다 直なおす
낫다 治なおる

最後さいご 마지막　　入はいる 들어가다　　遅おくれる 늦다　　午前中ごぜんちゅう 오전 중　　花はなが 咲さく 꽃이 피다
安全あんぜんだ 안전하다　　天気予報てんきよほう 일기예보　　困こまる 곤란하다

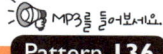

Pattern 136

～らしいです
～답습니다, ～스럽습니다

명사에 らしいです를 붙이면 그 명사에서 연상되는 특성을 잘 갖추고 있음을 나타낼 수 있습니다.

- **반말** ～らしい
- **부정형** ～らしくないです
- **과거형** ～らしかったです
- **유사패턴** ～ぽいです

STEP 1 기본기 다지기

오늘 날씨는 봄답습니다. 　　今日の 天気は 春らしいです。

그의 행동은 남자답습니다. 　　彼の 行動は 男らしいです。

이 그림은 어린아이답습니다. 　　この 絵は 子供らしいです。

그 생각은 일본인답습니다. 　　その 考えは 日本人らしいです。

이 작품은 당신답습니다. 　　この 作品は あならしいです。

확장 패턴 연습

한국인다워. 　　韓国人らしい。

한국인답지 않아요. 　　韓国人らしく ないです。

한국인다웠어요. 　　韓国人らしかったです。

天気てんき 날씨　　春はる 봄　　行動こうどう 행동　　男おとこ 남자　　絵え 그림　　子供こども 어린아이
考かんがえ 생각　　作品さくひん 작품

STEP 2 리얼 회화 연습

A 山田さんに ついて どう 思いますか。

B とても 男らしいですね。

A じゃあ、私は どうですか。

B う～ん。

A 야마다 씨에 대해 어떻게 생각하세요?
B 아주 남자답지요.
A 그럼, 저는 어때요?
B 음…….

요건 덤
'~답다'라고 할 때 ~っぽい를 쓰기도 합니다. 日本人にほんじんっぽい라고 하면 '일본인은 아니지만 일본인 같은 느낌이 든다'는 뉘앙스를 나타내죠.

STEP 3 도전 실전 회화

1. 오늘은 여름다운 날이에요.
   ⇒ _____

2. 그는 선생님답습니다.
   ⇒ _____

3. 참 그 사람답습니다.
   ⇒ _____

Hint
여름 夏なつ
참 本当ほんとうに

～について ～에 대해   どう 어떻게   とても 매우, 아주

Pattern 137

～と思います
~라고 생각해요, ~할 것 같아요

자신의 의견을 말할 때 가장 많이 쓰는 패턴 중 하나입니다.

- **접속** 동사/い형용사/な형용사 기본형＋と思います
  명사＋だと思います
- **반말** ～と思う
- **부정형** ～ないと思います
- **과거형** ～たと思います

STEP 1 기본기 다지기

먹는다고 생각해요.	食べると 思います。
온다고 생각합니다.	来ると 思います。
볼 것 같아요.	見ると 思います。
일어날 것 같아요.	起きると 思います。
기다릴 것 같아요.	待つと 思います。

확장 패턴 연습

재미있다고 생각해요.	おもしろいと 思います。
간단하다고 생각해요.	簡単だと 思います。
천재라고 생각해요.	天才だと 思います。
한다고 생각해.	すると 思う。
하지 않는다고 생각해요.	しないと 思います。
했다고 생각해요.	したと 思います。

217

STEP 2 리얼 회화 연습

A 明日 どこか 行きますか。
B 多分 彼氏と 遊園地に 行くと 思います。
A そうですか。

A 내일 어딘가 가요?
B 아마 남자친구랑 놀이공원에 갈 것 같아요.
A 그래요?

STEP 3 도전 실전 회화

1. 배운다고 생각해요.
   ⇒ _____

2. 나온다고 생각합니다.
   ⇒ _____

3. 먹는다고 생각합니다.
   ⇒ _____

Hint
배우다 学まなぶ
나오다 出でる

起おきる 일어나다   おもしろい 재미있다   簡単かんたんだ 간단하다   天才てんさい 천재   多分たぶん 아마
彼氏かれし 남자친구   遊園地ゆうえんち 놀이공원

Pattern 138

～かもしれません ~할지도 몰라요

어쩌면 그런 가능성이 있을지도 모르겠다고 생각할 때 씁니다.

- **접속** 동사/い형용사 기본형+かもしれません
  な형용사 어간 / 명사+かもしれません
- **반말** ～かもしれない
- **부정형** ～ないかもしれません
- **과거형** ～たかもしれません

STEP 1 기본기 다지기

그가 올지도 몰라요.	彼(かれ)が 来(く)るかも しれません。
모를지도 몰라요.	わからないかも しれません。
들릴지도 모릅니다.	聞(き)こえるかも しれません。
망가질지도 모릅니다.	壊(こわ)れるかも しれません。
팔지도 몰라요.	売(う)るかも しれません。

확장 패턴 연습

맛있을지도 몰라요.	おいしいかも しれません。
복잡할지도 몰라요.	複雑(ふくざつ)かも しれません。
독신일지도 몰라요.	独身(どくしん)かも しれません。
올지도 몰라.	来(く)るかも しれない。
오지 않을지도 몰라요.	来(こ)ないかも しれません。
왔을지도 몰라요.	来(き)たかも しれません。

STEP 2 리얼 회화 연습

A もう 出発(しゅっぱつ)しましょうか。

B もう ちょっと 待(ま)ったら 来(く)る かも しれません よ。

A そうですね。

B あ、来(き)ました、来(き)ました。

A 이제 출발할까요?
B 좀 더 기다리면 올지도 몰라요.
A 그렇군요.
B 아, 왔어요, 왔어요.

> **요건 덤**
> ~かもしれません은 앞에 ひょっとして(어쩌면)라는 부사를 붙여서 말하는 경우가 많습니다.

STEP 3 도전 실전 회화

1. 늘어날지도 몰라요.

    ⇨ _____

2. 줄어들지도 모릅니다.

    ⇨ _____

3. 죽을지도 몰라요.

    ⇨ _____

> **Hint**
> 늘어나다 増(ふ)える
> 줄어들다 減(へ)る

わからない 모르다   聞きこえる 들리다   壊こわれる 망가지다   売うる 팔다   複雑ふくざつだ 복잡하다
独身どくしん 독신   出発しゅっぱつする 출발하다

~でしょう ~하겠지요

Pattern 139

자신의 추측을 나타내는 패턴입니다. 확실하지는 않지만 아마 50% 이상 그럴 것이라는 어감이 있습니다.

- **접속** 동사/い형용사 기본형＋でしょう
  な형용사 어간 / 명사＋でしょう
- **반말** ～だろう
- **부정형** ～ないでしょう
- **과거형** ～たでしょう

STEP 1 기본기 다지기

가겠지요.　　　行くでしょう。

마시겠지요.　　飲むでしょう。

일어나겠지요.　起きるでしょう。

기억하겠지요.　覚えるでしょう。

꺼지겠지요.　　消えるでしょう。

확장 패턴 연습

즐겁겠지요.　　楽しいでしょう。

예쁘겠지요.　　きれいでしょう。

착각이겠지요.　錯覚でしょう。

오겠지.　　　　来るだろう。

오지 않겠지요.　来ないでしょう。

왔겠지요.　　　来たでしょう。

STEP 2 리얼 회화 연습

A 彼、来ると 思いますか。
B 多分 来るでしょう。
A じゃあ、もう ちょっと 待って みましょう。
B そうですね。

A 그 사람, 올 거라고 생각해요?
B 아마 오겠지요.
A 그럼 좀 더 기다려 봅시다.
B 그래요.

요건 덤+

추측의 정도를 나타내는 부사

絶対ぜったい 강한 확신(100%)
きっと 꼭(80% 이상)
多分たぶん 아마도(50% 이상)
ひょっとしたら 어쩌면(가능성이 적음)

STEP 3 도전 실전 회화

1. 마시겠지요.
   ⇒ _____

2. 만들겠지요.
   ⇒ _____

3. 일하겠지요.
   ⇒ _____

Hint
만들다 作つくる
일하다 働はたらく

覚おぼえる 기억하다   消きえる 꺼지다, 사라지다   錯覚さっかく 착각

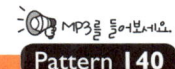

~わけがありません ~할 리가 없어요

Pattern 140

도의적으로 생각해서 그런 일은 있을 수가 없다는 강한 부정을 나타냅니다.

- **접속** 동사/い형용사 기본형+わけがありません
  な형용사 어간+なわけがありません
  명사+のわけがありません
- **반말** ~わけがない
- **부정형** ~ないわけがありません
- **과거형** ~たわけがありません

STEP 1 기본기 다지기

생각할 리가 없어요.	考える わけが ありません。
질 리가 없어요.	負ける わけが ありません。
갈 리가 없어요.	行く わけが ありません。
방문할 리가 없습니다.	訪ねる わけが ありません。
포기할 리가 없습니다.	諦める わけが ありません。

확장 패턴 연습

맛있을 리가 없어요.	おいしい わけが ありません。
편리할 리가 없어요.	便利な わけが ありません。
휴일일 리가 없어요.	休みの わけが ありません。
먹을 리가 없어.	食べる わけが ない。
먹지 않을 리가 없어요.	食べない わけが ありません。
먹었을 리가 없어요.	食べた わけが ありません。

STEP 2 리얼 회화 연습

A その 時間、彼は どこに いたんでしょうか。
B 私が 知る わけが ありません。
A いいえ、あなたは 知って います。
B いいえ、知りません。

A 시간에 그는 어디에 있었을까요?
B 제가 알 리가 없습니다.
A 아니에요, 당신은 알고 있습니다.
B 아뇨, 모릅니다.

요건덤
~わけがありません은 상대방의 생각은 물론 그런 생각을 한 상대방의 인격 자체를 무시할 정도의 강한 부정이기 때문에 말할 때 주의가 필요합니다.

STEP 3 도전 실전 회화

1. 일할 리가 없어요.
   ⇒ _____

2. 묵을 리가 없습니다.
   ⇒ _____

3. 망할 리가 없습니다.
   ⇒ _____

Hint
묵다 泊とまる
망하다 つぶれる

負まける 지다   訪たずねる 방문하다   諦あきらめる 포기하다   知しる 알다

명령형으로 말하기

Q 다음 말을 일본어로 할 수 있나요?

1. 저것 봐.

    あれ _____ て。

2. 불이야! 도망가!

    火事だ！ _____ ろ！

3. 그렇게 고민하지 마.

    そんなに 悩む _____ 。

4. 오늘의 일을 잊지 마.

    今日の ことを _____ な。

5. 그렇게 울지 마요.

    そんなに 泣か _____ 。

6. 손을 놓지 마요.

    手を _____ ないで。

225

Pattern 141

～て。　~해.

Pattern 040에서 동사 て형은 '~하고', '~해서'라는 뜻으로 공부했죠? 근데 て형으로 문장을 마치면 '~해', '~해 줘'라는 뜻으로, 상대방에게 가볍게 뭔가를 부탁하는 말이 됩니다. 이것은 Pattern 101의 ～てください에서 ください가 생략된 형태이기 때문이죠.

존댓말 ～てください ➡ Pattern 101

STEP 1 기본기 다지기

좀 비켜 줘.	ちょっと どいて。
좀 더 생각해.	もう すこし 考(かんが)えて。
저것 봐.	あれ 見(み)て。
많이 먹어.	いっぱい 食(た)べて。
더 마셔.	もっと 飲(の)んで。
빨리 와.	早(はや)く 来(き)て。

확장 패턴 연습

이야기해 주세요.	話(はな)して ください。

どく 비키다　もうすこし 좀 더　いっぱい 많이　もっと 더　早(はや)く 빨리

STEP 2 리얼 회화 연습

A わからない ところ ある？
　あったら 何(なん)でも 聞(き)いて。
B ここ、ちょっと 教(おし)えて。
A ああ、これはね…。

A 잘 모르는 부분 있어?
　있으면 뭐든지 물어봐.
B 여기 좀 가르쳐 줘.
A 아, 이건말이지…….

요건 덤

〜て。는 끝을 올리면서 말하면 애교가 있는 어감이 되고, 반대로 내리면서 말하면 차가운 어감이 됩니다.
食べて ↗ (애교 있는 어감)
食べて ↘ (차가운 어감)

STEP 3 도전 실전 회화

1. 읽어.
   ⇒ _____

2. 만들어.
   ⇒ _____

3. 용서해.
   ⇒ _____

Hint
읽다 読(よ)む
만들다 作(つく)る
용서하다 許(ゆる)す

わからない 모르다　ところ 곳, 부분　何(なん)でも 뭐든지, 무엇이든　教(おし)える 가르치다

동사 명령형

Pattern 142

동사 명령형은 아주 강한 어감을 주기 때문에, 실제 회화에서는 명령형을 그대로 사용하기보다 뒤에 ～と言いわれました를 붙여서 의뢰받은 일에 대해 말할 때 더 많이 쓰입니다. 동사 명령형을 만드는 방법은 다음 페이지 요건 덤을 참조하세요.

유사패턴 ～なさい (명령형보다는 약함, 훈계할 때 많이 쓰임)

STEP 1 기본기 다지기

가라. 行け。

마셔라. 飲め。

해라. しろ。

와라. 来い。

기다려라. 待て。

봐라. 見ろ。

확장 패턴 연습

먹어라. 食べなさい。

STEP 2 리얼 회화 연습

A 火事だ！逃げろ！
B え、本当ですか。
A 早く ここから 離れろ！

A 불이야! 도망가!
B 어, 정말이에요?
A 빨리 여기서 빠져나가!

요건 덤 ➕ 동사 명령형 만드는 방법

1그룹 동사	어미를 e 모음으로 바꿈	飲む → 飲め
2그룹 동사	어미 る를 빼고 + ろ	考える → 考えろ
3그룹 동사		しろ / 来こい

STEP 3 도전 실전 회화

1. 자라!
   ⇒ _____

2. 읽어라!
   ⇒ _____

3. 앉아라!
   ⇒ _____

火事かじ 화재   逃にげる 도망치다   離はなれる 떨어지다, 멀어지다

Pattern 143

～な ～하지 마

상대방이 어떤 행동을 하는 것을 강력하게 금지할 때 씁니다. 실제로 명령할 때보다 뒤에 ～と言われました를 붙여서 하지 말라는 말을 들은 일에 대해서 말할 때 더 많이 쓰입니다.

유사패턴 ～んじゃない (남자가 상냥하게 하는 말투)

STEP 1 기본기 다지기

그렇게 고민하지 마.	そんなに 悩むな。
그한테 가지 마.	あいつの ところに 行くな。
오늘의 일을 잊지 마.	今日の ことを 忘れるな。
아무것도 두려워하지 마.	何も 恐れるな。
도망가지 마!	逃げるな！
믿지 말라는 말을 들었습니다.	信じるなと 言われました。

확장 패턴 연습

먹지 마.   食べるんじゃない。

そんなに 그렇게　悩なやむ 고민하다　あいつ 그 녀석　忘わすれる 잊다　恐おそれる 두려워하다
信しんじる 믿다

STEP 2 리얼 회화 연습

A みんな 本当(ほんとう)に よく 頑張(がんば)った。
B 監督(かんとく)！
A 泣(な)くな！ 泣(な)くんじゃない！
B 監督(かんとく)！

A 다들 정말 수고 많았다.
B 감독님!
A 울지 매! 울지 말라고!
B 감독님!

요건 덤
일본에서는 응원할 때 "이겨라!"라는 말 대신 「負けるな(지지 마!)」라고 하는 것이 일반적입니다.

STEP 3 도전 실전 회화

1. 마시지 마.
   ⇒

2. 전화를 걸지 마.
   ⇒

3. 보지 마.
   ⇒

Hint
전화를 걸다
　　電話(でんわ)をかける

監督(かんとく) 감독　泣(な)く 울다

Pattern 144

～ないで ～하지 마요

～ないで는 '～하지 마요'라는 뜻으로, Pattern 143의 ～な(～하지 마)보다 부드러운 느낌의 명령입니다. 상대방이 어떤 일을 하지 말았으면 하고 바랄 때 씁니다.

STEP 1 기본기 다지기

가지 마요.　　　　　　　行かないで。

그렇게 울지 마요.　　　　そんなに 泣かないで。

불을 끄지 마요.　　　　　電気を 消さないで。

죽지 마요.　　　　　　　死なないで。

손을 놓지 마요.　　　　　手を 離さないで。

나를 잊지 마요.　　　　　私を 忘れないで。

電気でんきを消けす 전기를 끄다　　離はなす (손에서) 놓다

STEP 2 리얼 회화 연습

A 昨日(きのう)は 誰(だれ)と いたの？

B ずっと 一人(ひとり)だったよ。

A 嘘(うそ) つか**ないで**！

B 嘘(うそ)じゃないよ。

A 어제는 누구랑 있었니?
B 쭉 혼자였지.
A 거짓말하지 매
B 거짓말 아니야.

요건 덤
~ないで는 여자들이 가장 일반적으로 쓰는 금지형입니다.
~な는 주로 남자들이 사용하죠.

STEP 3 도전 실전 회화

1. 싸우지 마요.
   ⇒

2. 눕지 마요.
   ⇒

3. 텔레비전을 끄지 마요.
   ⇒

Hint
싸우다 喧嘩(けんか)する
눕다 横(よこ)になる

ずっと 계속, 쭉   一人(ひとり) 혼자   嘘(うそ)をつく 거짓말을 하다

UNIT 21
회화 업그레이드 패턴

Q 다음 말을 일본어로 할 수 있나요?

1. 노래방에 가 본 적이 있어요.
   カラオケに 行った _____ あります。

2. 복권을 산 적이 있습니다.
   宝くじを _____ ことが あります。

3. 왔다 갔다 합니다.
   行ったり _____ します。

4. 노래 부르거나 춤을 추거나 합니다.
   _____ 踊ったり します。

정답 1. ことが 2. 買った 3. 来たり 4. 歌ったり

Pattern 145

～たことがあります ～한 적이 있어요

경험을 말할 때 쓰는 패턴입니다. 앞에 오는 동사는 た형으로 바꾸어 연결해야 합니다.

반말 ～たことがある
부정형 ～たことがありません

STEP 1 기본기 다지기

노래방에 가 본 적이 있어요.	カラオケに 行った ことが あります。
술을 마신 적이 있어요.	お酒を 飲んだ ことが あります。
일요일에 온 적이 있어요.	日曜日に 来た ことが あります。
복권을 산 적이 있습니다.	宝くじを 買った ことが あります。
차인 적이 있습니다.	ふられた ことが あります。
누군가를 속인 적이 있습니다.	誰かを だました ことが あります。

확장 패턴 연습

먹은 적이 있어.	食べた ことが ある。
먹은 적이 없어요.	食べた ことが ありません。

カラオケ 노래방   日曜日にちようび 일요일   宝たからくじ 복권   ふられる 차이다   だます 속이다

STEP 2 리얼 회화 연습

A 東京に 行った ことが ありますか。
とうきょう　　い

B はい、3回 あります。
　　　さんかい

A いいですね。私は ありません。
　　　　　　　わたし
　 いつか 行って みたいです。
　　　　い

A 도쿄에 가 본 적이 있습니까?
B 네, 세 번 있습니다.
A 좋겠네요. 저는 없어요.
　 언젠가 가 보고 싶어요.

요건덤
~た ことが ありますか(~한 적이 있어요?)라는 질문에 대한 대답은 동사 없이 あります(있어요), ありません(없어요)이라고만 해도 충분합니다.

STEP 3 도전 실전 회화

1. 한국 잡지를 읽은 적이 있어요.
   ⇨ _____

2. 외국인과 사귄 적이 있습니다.
   ⇨ _____

3. 편의점에서 일한 적이 있습니다.
   ⇨ _____

Hint
잡지　雑誌ざっし
외국인　外国人がいこくじん
사귀다　付っき合ぁう
편의점　コンビニ
일하다　働はたらく

~回かい ~번, ~회　　いつか 언젠가　　~てみたい ~해 보고 싶다

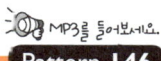

~たり …たりします ~하거나 …하거나 합니다

Pattern 146

자신의 여러 행동 중에서 대표적인 것을 뽑아서 제시하는 표현입니다. 동사를 た형으로 바꾼 다음 연결합니다.
- 반말 ~たり …たりする
- 과거형 ~たり …たりしました

STEP 1 기본기 다지기

왔다 갔다 합니다.	行ったり 来たり します。
마시거나 먹거나 해요.	飲んだり 食べたり します。
밟거나 발로 차거나 합니다.	踏んだり 蹴ったり します。
나갔다 들어왔다 해요.	出たり 入ったり します。
노래 부르거나 춤을 추거나 합니다.	歌ったり 踊ったり します。

확장 패턴 연습

마시거나 먹거나 해.	飲んだり 食べたり する。
마시거나 먹거나 했습니다.	飲んだり 食べたり しました。

踏ふむ 밟다   蹴ける 발로 차다   出でる 나가다   入はいる 들어가다   歌うたう 노래를 부르다
踊おどる 춤을 추다

STEP 2 리얼 회화 연습

A 日曜日は いつも 何を しますか。
B テレビを 見たり、掃除したり します。
A 土曜日は？
B 掃除を したり、テレビを 見たり します。

A 일요일에는 보통 무엇을 합니까?
B 텔레비전을 보거나 청소를 하거나 합니다.
A 토요일에는요?
B 청소를 하거나 텔레비전을 보거나 합니다.

STEP 3 도전 실전 회화

1. 영화를 보거나 과자를 먹거나 합니다.
   ⇒ _____

2. 운동을 하거나 낮잠을 자거나 해요.
   ⇒ _____

3. 춤을 추거나 노래를 부르거나 합니다.
   ⇒ _____

Hint
영화 映画えいが
과자 お菓子かし
운동 運動うんどう
낮잠을 자다 昼寝ひるねをする
춤을 추다 ダンスをする
노래를 부르다 歌うたを歌うたう

いつも 보통, 늘, 항상   掃除そうじする 청소하다

Answers

001 1. 妹だ
     2. 子供だ

002 1. 弟じゃない
     2. 大人じゃない

003 1. 月曜日だった
     2. 冬だった

004 1. 彼氏じゃなかった
     2. 彼女じゃなかった

005 1. 会社です
     2. 銀行です

006 1. お兄さんじゃありません (또는 じゃないです)
     2. 図書館じゃありません (또는 じゃないです)

007 1. 日曜日でした
     2. 高校生でした

008 1. 水曜日じゃありませんでした
        (또는 じゃなかったです)
     2. 中学生じゃありませんでした
        (또는 じゃなかったです)

009 1. わたしのかばん
     2. 先生の奥さん

010 1. わたしの妹で高校生だ
     2. 中国人で日本人じゃない

011 1. 不便だ
     2. 危険だ

012 1. スマートじゃない
     2. 自由じゃない

013 1. 不便だった
     2. 熱心だった

014 1. 真面目じゃなかった
     2. 有名じゃなかった

015 1. 安全です
     2. 自由です

016 1. 楽じゃありません (또는 じゃないです)
     2. 有名じゃありません (또는 じゃないです)

017 1. 変でした
     2. 複雑でした

018 1. 暇じゃありませんでした
        (또는 じゃなかったです)
     2. 静かじゃありませんでした
        (또는 じゃなかったです)

019 1. 幸せな生活
     2. 簡単な試験

020 1. スマートでいい
     2. 静かで清潔だ

021 1. 暑い
     2. 面白い

022 1. 涼しくない
     2. おいしくない

023 1. 小さかった
     2. 短かった

024 1. 熱くなかった
     2. よくなかった

025 1. 安いです
     2. 辛いです

026 1. 熱くありません (또는 くないです)
     2. 嬉しくありません (또는 くないです)

027 1. 怖かったです
     2. 白かったです

028 1. せまくありませんでした
        (또는 くなかったです)

2. 美しくありませんでした
（또는 くなかったです）

029　1. 大きくて多い
2. 細くて長い

030　1. 聞く 1그룹 / 寝る 2그룹 /
起きる 2그룹 / ある 1그룹

031　1. 書かない
2. あげない

032　1. 撮った
2. 会った

033　1. 聞かなかった
2. 飲まなかった

034　1. 歩きます
2. 座ります

035　1. 立ちません
2. 住みません

036　1. 聞かないです
2. 習わないです

037　1. 座りました
2. 閉めました

038　1. 止まりませんでした
2. 走りませんでした

039　1. 考えなかったです
2. 分からなかったです

040　1. 考えて
2. 聞いて

041　1. わたしは学生です。
2. わたしは中国人です。

042　1. イさんは学生ですか。
2. 先生はアメリカ人ですか。

043　1. はい、中国人です。
2. はい、ここです。

044　1. いいえ、高校生じゃありません
（또는 じゃないです）。
2. いいえ、初めてじゃありません
（또는 じゃないです）。

045　1. これは何ですか。
2. お仕事は何ですか。

046　1. これは化粧品です。
2. あれは映画館です。

047　1. 先生のかばんです。
2. わたしの教科書です。

048　1. この雑誌はわたしのです。
2. あの建物はデパートです。

049　1. あの人も日本語の先生です。
2. わたしもそのアイドルのファンです。

050　1. この花はいくらですか。
2. 時給はいくらですか。

051　1. テストは何時ですか。
2. コンサートは何時ですか。

052　1. 誕生日はいつですか。
2. 予定日はいつですか。

053　1. ここからあそこまで
2. 5日から8日まで

054　1. 韓国の冬はどうですか。
2. あなたの意見はどうですか。

055　1. 授業はどうでしたか。
2. 日本の食べ物はどうでしたか。

056　1. 失礼ですが、山田さんはおいくつですか。
2. 失礼ですが、課長はおいくつですか。

057　1. どんな飲み物が好きですか。
　　 2. どんなドラマが好きですか。

058　1. 中華料理が好きです。
　　 2. スポーツが好きです。

059　1. 数学が嫌いです。
　　 2. ダンスが嫌いです。

060　1. 日本語が得意です。
　　 2. 韓国語が得意です。

061　1. 韓国語が苦手です。
　　 2. スキーが苦手です。

062　1. ご飯とパンとどちらが好きですか。
　　 2. ラーメンとチャーハンとどちらが安いですか。

063　1. 大阪より京都のほうが暑いです。
　　 2. りんごより梨のほうが甘いです。

064　1. 日本料理の中で何が一番好きですか。
　　 2. 果物の中で何が一番好きですか。

065　1. 自動車があります。
　　 2. 宿題があります。

066　1. ペットがいます。
　　 2. 学生がいます。

067　1. 富士山は日本にあります。
　　 2. 部屋にベッドがあります。

068　1. アメリカに友達がいます。
　　 2. 選手が野球場にいます。

069　1. あなたの心はどこにありますか。
　　 2. わたしの恋人はどこにいますか。

070　1. 学校の前に図書館があります。
　　 2. 椅子の上に猫がいます。

071　1. お酒を飲みます。
　　 2. 映画を見ます。

072　1. コーヒーを飲みました。
　　 2. クッキーを食べました。

073　1. 料理を作りませんでした。
　　 2. お知らせを聞きませんでした。

074　1. 駅に行きます。
　　 2. 釜山に行きます。

075　1. ふるさとに来ます。
　　 2. 研究室に来ます。

076　1. 大学生に会います。
　　 2. 先輩に会います。

077　1. 自転車に乗ります。
　　 2. 馬に乗ります。

078　1. 高校生になります。
　　 2. 秋になります。

079　1. 好きになります。
　　 2. 複雑になります。

080　1. 辛くなります。
　　 2. 温かくなります。

081　1. 本を読むことにします。
　　 2. 音楽を聞くことにします。

082　1. 食べることになりました。
　　 2. 飲むことになりました。

083　1. 寝ています。
　　 2. 歩いています。

084　1. まだ来ていません。
　　 2. まだ作っていません。

085 1. ドアを開けて入ります。
2. テレビを見て宿題をします。

086 1. お酒を全部飲んでから帰ります。
2. 手紙を書いてから寝ます。

087 1. 本を読みながら行く。
2. ビールを飲みながら休む。

088 1. この餅は食べやすい。
2. この小説は読みやすい。

089 1. 彼の話は理解しにくい。
2. 辛すぎて食べにくい。

090 1. 聞いてしまう。
2. 全部使ってしまった。

091 1. 論文を書いてみる。
2. 椅子に座ってみた。

092 1. 直しておく。
2. 話しておいた。

093 1. 見るために
2. 入るために

094 1. 母のおかげで
2. 奨学金のおかげで

095 1. お金がないからだめです。
2. お酒を飲んだから頭が痛いです。

096 1. 勉強したのにわかりません。
2. アメリカへ行かないのにパスポートを作りました。

097 1. 時間があるうちに
2. 温かいうちに

098 1. 木曜日までに
2. 正午までに

099 1. コーラください。
2. 袋ください。
3. バナナください。

100 1. 一つください。
2. 二つください。
3. 三つください。

101 1. 読んでください。
2. 待ってください。
3. 座ってください。

102 1. 押さないでください。
2. 走らないでください。
3. 聞かないでください。

103 1. おかわりお願いします。
2. レシートお願いします。
3. お勘定お願いします。

104 1. 新聞ちょうだい。
2. たばこちょうだい。
3. コーラちょうだい。

105 1. 家がほしい。
2. コンピューターがほしい。
3. 名誉がほしいです。

106 1. 見てほしい。
2. 待ってほしい。
3. 飲んでほしい。

107 1. 音楽を聞きたいです。
2. 遊びたいです。
3. 行きたいです。

108 1. 働かせてください。
2. 会わせてください。
3. いさせてください。

243

109　1. 本を読みましょう。
　　 2. 作品を作りましょう。
　　 3. 映画を見ましょう。

110　1. 飲みましょうか。
　　 2. 片付けましょうか。
　　 3. やめましょうか。

111　1. 子犬を飼いませんか。
　　 2. ドアを開けませんか。
　　 3. 勉強しませんか。

112　1. 行ったほうがいいです。
　　 2. 起きたほうがいいです。
　　 3. 降りたほうがいいです。

113　1. 車を降りないほうがいいです。
　　 2. けんかしないほうがいいです。
　　 3. お酒を飲まないほうがいいです。

114　1. 読んでみたらどうですか。
　　 2. 窓を閉めたらどうですか。
　　 3. 助けを求めたらどうですか。

115　1. 質問してもいいですか。
　　 2. 混ぜてもいいですか。
　　 3. 食べてもいいですか。

116　1. 座ってもいいです。
　　 2. 横になってもいいです。
　　 3. 売ってもいいです。

117　1. 料理を作らなくてもいいです。
　　 2. テストを受けなくてもいいです。
　　 3. 結婚しなくてもいいです。

118　1. 立ってはいけません。
　　 2. おしゃべりをしてはいけません。
　　 3. 別れてはいけません。

119　1. 開けてはだめです。
　　 2. 疑ってはだめです。
　　 3. 信じてはだめです。

120　1. 寝なければなりません。
　　 2. 起きなければなりません。
　　 3. 防がなくてはなりません。

121　1. 雨が降ったら
　　 2. 髪の毛を切ったら
　　 3. 春が来たら

122　1. もらえば
　　 2. つければ
　　 3. 倒れれば

123　1. 雨が降ると寒くなります。
　　 2. 寝坊すると遅刻します。
　　 3. 本を読むと賢くなります。

124　1. あなたが聞くなら
　　 2. 温泉旅行なら
　　 3. 結婚するなら

125　1. 読めば読むほど
　　 2. 待てば待つほど
　　 3. 勉強すればするほど

126　1. 早く寝ればよかった。
　　 2. 断ればよかった。
　　 3. 入ればよかった。

127　1. 待ってよかった。
　　 2. 電話をかけてよかった。
　　 3. 早起きしてよかった。

128　1. バスケットボールができます。
　　 2. ギターができます。
　　 3. 中国語ができます。

129　1. 食べることができます。
　　 2. 買うことができます。
　　 3. 飲むことができます。

130　1. 教えられます。
　　 2. 起きられます。

131　1. 一人で行けるようになりました。
　　 2. 読めるようになりました。
　　 3. 食べられるようになりました。

132　1. 生まれたそうです。
　　 2. 死んだそうです。
　　 3. 会ったそうです。

133　1. 読みそうです。
　　 2. 疲れそうです。
　　 3. 来そうです。

134　1. 勉強するようです。
　　 2. 何もないようです。
　　 3. だれかいるようです。

135　1. 直すらしいです。
　　 2. 治るらしいです。
　　 3. 来ないらしいです。

136　1. 今日は夏らしい日です。
　　 2. 彼は先生らしいです。
　　 3. 本当にあの人らしいです。

137　1. 学ぶと思います。
　　 2. 出ると思います。
　　 3. 食べると思います。

138　1. 増えるかもしれません。
　　 2. 減るかもしれません。
　　 3. 死ぬかもしれません。

139　1. 飲むでしょう。
　　 2. 作るでしょう。
　　 3. 働くでしょう。

140　1. 働くわけがありません。
　　 2. 泊まるわけがありません。
　　 3. つぶれるわけがありません。

141　1. 読んで。
　　 2. 作って。
　　 3. 許して。

142　1. 寝ろ！
　　 2. 読め！
　　 3. 座れ！

143　1. 飲むな。
　　 2. 電話をかけるな。
　　 3. 見るな。

144　1. 喧嘩しないで。
　　 2. 横にならないで。
　　 3. テレビを消さないで

145　1. 韓国の雑誌を読んだことがあります。
　　 2. 外国人と付き合ったことがあります。
　　 3. コンビニで働いたことがあります。

146　1. 映画を見たりお菓子を食べたりします。
　　 2. 運動をしたり昼寝をしたりします。
　　 3. ダンスをしたり歌を歌ったりします。

학습 계획표

	Mon	Tue	Wed
1주차	**1** **UNIT 01** (Pattern 001-010) ☐ 집중듣기 ☐ 강의듣기 ☐ 회화훈련	**2** **UNIT 02** (Pattern 011-020) ☐ 집중듣기 ☐ 강의듣기 ☐ 회화훈련	**3** **UNIT 03** (Pattern 021-029) ☐ 집중듣기 ☐ 강의듣기 ☐ 회화훈련
2주차	**6** **UNIT 05** (Pattern 041-049) ☐ 집중듣기 ☐ 강의듣기 ☐ 회화훈련	**7** **UNIT 06** (Pattern 050-056) 숫자 총정리 ☐ 집중듣기 ☐ 강의듣기 ☐ 회화훈련	**8** **UNIT 07** (Pattern 057-064) ☐ 집중듣기 ☐ 강의듣기 ☐ 회화훈련
3주차	**11** **UNIT 09** (Pattern 071-083) ☐ 집중듣기 ☐ 강의듣기 ☐ 회화훈련	**12** **UNIT 10** (Pattern 084-087) ☐ 집중듣기 ☐ 강의듣기 ☐ 회화훈련	**13** **UNIT 11** (Pattern 088-092) ☐ 집중듣기 ☐ 강의듣기 ☐ 회화훈련
4주차	**16** **UNIT 13** (Pattern 099-104) ☐ 집중듣기 ☐ 강의듣기 ☐ 회화훈련	**17** **UNIT 14** (Pattern 105-108) ☐ 집중듣기 ☐ 강의듣기 ☐ 회화훈련	**18** **UNIT 15** (Pattern 109-114) ☐ 집중듣기 ☐ 강의듣기 ☐ 회화훈련
5주차	**21** **UNIT 17** (Pattern 121-126) ☐ 집중듣기 ☐ 강의듣기 ☐ 회화훈련	**22** **UNIT 18** (Pattern 127-131) ☐ 집중듣기 ☐ 강의듣기 ☐ 회화훈련	**23** **UNIT 19** (Pattern 132-140) ☐ 집중듣기 ☐ 강의듣기 ☐ 회화훈련

Thu	Fri	Memo
4 **UNIT 04** (Pattern 030-040) □ 집중듣기 □ 강의듣기 □ 회화훈련	**5** 복습 **UNIT 01-04** 동사 1,2,3그룹 활용표 □ 회화훈련 □ 단어퀴즈	
9 **UNIT 08** (Pattern 065-070) 위치를 나타내는 표현 □ 집중듣기 □ 강의듣기 □ 회화훈련	**10** 복습 **UNIT 05-08** 숫자 총정리 위치를 나타내는 표현 □ 회화훈련 □ 단어퀴즈	
14 **UNIT 12** (Pattern 093-098) □ 집중듣기 □ 강의듣기 □ 회화훈련	**15** 복습 **UNIT 09-12** □ 회화훈련 □ 단어퀴즈	
19 **UNIT 16** (Pattern 115-120) □ 집중듣기 □ 강의듣기 □ 회화훈련	**20** 복습 **UNIT 13-16** □ 회화훈련 □ 단어퀴즈	
24 **UNIT 20-21** (Pattern 141-146) □ 집중듣기 □ 강의듣기 □ 회화훈련	**25** 복습 **UNIT 17-21** □ 회화훈련 □ 단어퀴즈